SOBRE ÉTICA E ECONOMIA

AMARTYA SEN

SOBRE ÉTICA E ECONOMIA

Tradução:
LAURA TEIXEIRA MOTTA

Revisão técnica:
RICARDO DONINELLI MENDES

3.ª reimpressão

COMPANHIA DAS LETRAS

Título original:
On ethics & economics

Capa:
Raul Loureiro

Índice remissivo:
Maria Claudia Carvalho Mattos

Preparação:
Isabel Jorge Cury

Revisão:
Carmen S. da Costa
Ana Maria Alvares

Dados Internacionais de Catalogação na Publicação (CIP)
(Câmara Brasileira do Livro, SP, Brasil)

Sen, Amartya Kumar, 1933-
Sobre ética e economia / Amartya Sem ; tradução Laura Teixeira Motta ; revisão técnica Ricardo Doninelli Mendes. — São Paulo: Companhia das Letras, 1999.

Título original: On ethics & economics.
Bibliografia.
ISBN 85-7164-921-9

1. Economia — Aspectos morais e éticos I. Título.

99-2841 CDD-174

Índice para catálogo sistemático:
1. Economia : Ética 174

2002

EDITORA SCHWARCZ LTDA.
Rua Bandeira Paulista, 702, cj. 32
04532-002 — São Paulo — SP
Telefone: (11) 3167-0801
Fax: (11) 3167-0814
www.companhiadasletras.com.br

Para Ken Arrow

ÍNDICE

PREFÁCIO

Este pequeno livro é uma "arca do tesouro" para os economistas, filósofos e cientistas políticos interessados nas relações entre a economia contemporânea e a filosofia moral. O professor Amartya Sen, com um estilo claro, enxuto e estimulante, apresenta mais do que uma síntese concisa da literatura relevante nos campos da ética e da economia. Ele aponta as contribuições que a economia do equilíbrio geral, sendo substancialmente recente, pode trazer ao estudo da filosofia moral, as contribuições que a filosofia moral e a economia do bem-estar podem dar à corrente dominante da economia, e o dano que o uso errôneo da suposição do comportamento auto-interessado tem causado à qualidade da análise econômica.

Sen demonstra que economia e ética se distanciaram gravemente, gerando uma das principais deficiências da teoria econômica contemporânea. Como ele argumenta persuasivamente, uma vez que o comportamento real dos seres humanos é afetado por considerações éticas e influenciar a conduta humana é um aspecto central da ética, deve-se admitir que as concepções da economia do bem-estar têm algum impacto sobre o comportamento real e, em conseqüência, devem ser importantes para a economia logística moderna. No entanto, Sen ressalta, embora a economia logística tenha influenciado a economia do bem-estar, a economia do bem-estar praticamente não influenciou a economia logística.

Ele mostra que tanto as origens éticas como as origens logísticas da economia têm seu próprio poder de persuasão. A abordagem logística da economia, ele salienta, com freqüência tem sido extremamente produtiva, permitindo compreender melhor a natureza da interdependência social e lançando luz sobre problemas práticos precisamente em razão do amplo uso dos métodos logísticos. O desenvolvimento da formal "teoria do equilíbrio geral" é um bom exemplo, e Sen ilustra sua aplicação aos problemas críticos da fome e da miséria.

Contudo, os argumentos de Sen fundamentam-se na concepção de que a economia, do modo como emergiu, pode tornar-se mais produtiva se der uma atenção maior e mais explícita às considerações éticas que moldam o comportamento e o juízo humano. Com esclarecedora brevidade, Sen analisa certos afastamentos das suposições de comportamento tradicionais da teoria econômica que podem proceder de considerações éticas distintas. Esses afastamentos podem originar-se de avaliações intrínsecas e de avaliações instrumentais do indivíduo ou do grupo. Sen chama a atenção para as várias causas que podem originá-los, causas essas que testemunham em favor do papel instrumental do comportamento social contemporâneo. Esse comportamento pode conflitar com a estratégia aparentemente dominante de cada pessoa, mas condições de racionalidade de grupo de um tipo específico muitas vezes influenciam o comportamento real sem implicar uma deficiência no conhecimento das pessoas. Em conseqüência, Sen discorre sobre os modos como a economia do bem-estar pode ser enriquecida se der mais atenção à ética, de que formas a economia descritiva, a predição e a política econômica podem ser aprimoradas abrindo-se mais espaço para a economia do bem-estar na determinação do comportamento do indivíduo e do grupo e de que modos o estudo da ética pode, por sua vez, beneficiar-se de um contato mais estreito com a economia.

Compreensivelmente, embora Sen critique a economia

como ela se apresenta hoje, ele não acredita que a literatura ética tenha lidado adequadamente com os problemas levantados. Portanto, a questão não é meramente incorporar as lições da literatura ética à economia. De fato, ele sugere que algumas das considerações éticas podem ser proveitosamente analisadas mais a fundo usando várias abordagens e procedimentos hoje empregados em economia (p. 86). Ilustrando esse argumento com a literatura moderna sobre direitos e conseqüências, ele observa que a literatura pertinente terá muito a ganhar se os direitos forem considerados não apenas primordialmente entidades legais com uso instrumental, mas também detentores de um valor intrínseco. Além disso, ele apresenta sugestões sistemáticas sobre como uma formulação adequada dos direitos e da liberdade pode basear-se significativamente no raciocínio lógico do tipo regularmente empregado na economia da interdependência geral.

Em uma de suas argumentações mais originais, Sen indica que, embora a riqueza da atual literatura ética seja muito maior do que a parte que foi incorporada à economia, a suposição extremamente restrita do comportamento auto-interessado que impera na economia tem impedido a análise de relações muito significativas. A teoria econômica dominante, porém, identifica racionalidade do comportamento humano com consistência interna de escolha e, adicionalmente, com maximização do auto-interesse. Porém, como Sen observa, não há provas que corroborem a afirmação de que a maximização do auto-interesse é o que melhor reflete o comportamento humano real nem de que ela conduz necessariamente a condições econômicas ótimas. Sen refere-se a economias de livre mercado, como o Japão, onde o afastamento sistemático do comportamento auto-interessado em direção ao comportamento baseado em regras — dever, lealdade e boa vontade — tem sido de extrema importância para a obtenção da eficiência econômica do indivíduo e do grupo. Uma interpretação acurada de Adam Smith,

Sen demonstra, não dá sustentação a quem acredita e advoga uma interpretação estreita do comportamento auto-interessado na ética ou na economia.

Tecnicamente, como demonstra Sen, sob um esquema de condições extremamente limitadas, a economia do bem-estar admite circunstâncias nas quais agir inteiramente segundo o auto-interesse poderia ser eticamente justificado. Mas a importância prática dessa teorização é muito questionável. Assim, ele identifica as limitações dos conceitos "welfaristas" nos quais, *inter alia*, a análise se fundamenta. Distinguindo entre o "aspecto do bem-estar", que abrange as realizações e oportunidades de uma pessoa no contexto da vantagem pessoal do indivíduo, do "aspecto da condição de agente", que examina essas realizações e oportunidades em termos de objetivos mais abrangentes, a análise vai além da busca do bem-estar do indivíduo, com resultados produtivos. Sen distingue entre elementos de justiça distributiva e valorações mais amplas do indivíduo ou grupo. Isso conduz a uma discussão sobre "pluralidade e avaliação", "comensurabilidade", "completude e consistência", "teoremas de impossibilidade", bem como a resultados positivos de possibilidades e caracterizações construtivas. Aplicando a literatura filosófica recente sobre conseqüencialismo à economia, Sen mostra como esse raciocínio — que inclui a interdependência e a interpretação instrumental — pode ser combinado não só com a valoração intrínseca, mas também com a relatividade quanto à posição e à sensibilidade ao agente da avaliação moral. De fato, ele mostra que, em condições realistas, uma abordagem conseqüencial abrangente pode fornecer uma estrutura sensível e sólida para o pensamento prescritivo sobre questões tão fundamentais quanto direitos e liberdade.

Sen demonstra que os afastamentos das suposições de comportamento tradicionais da teoria econômica — incorporando os componentes mais importantes do comportamento autocentrado — podem ter origem em avaliações intrínsecas e em avaliações instrumentais do indivíduo ou do grupo. Isso é relevante e aplicável a casos econômicos típicos de falhas de eficiência causadas por fatores como externalidades, interdependências alheias ao mercado e falta de credibilidade na política econômica do governo. Sen sugere que os problemas de incentivo pertinentes ao tratamento dessas questões podem ter de ser reformulados se na análise econômica forem admitidos afastamentos do comportamento auto-interessado. Ele afirma que o que uma pessoa ou grupo maximiza pode ser considerado uma questão relativa, dependente de quais parecem ser as variáves de controle apropriadas e de quais variações são julgadas como um meio de controle conveniente ou correto exercido pelo agente ou grupo. Pode emergir uma genuína ambigüidade quando o valor instrumental de certas regras sociais é aceito para a busca geral de objetivos individuais. A reciprocidade nessas circunstâncias pode ser considerada instrumentalmente importante, pois de outro modo é difícil afirmar que os "objetivos reais" de alguém devem obedecer à reciprocidade em vez de aos propósitos reais dessa pessoa. Salientando que normas e comportamento deveriam ser mais estreitamente integrados à teoria econômica e apresentando meios sistemáticos para fazê-lo, Sen mostra o caminho para uma análise mais aprofundada de critérios de bem-estar alternativos mais específicos.

É uma honra para os membros do Departamento de Economia e do Departamento de Filosofia da Universidade da Califórnia em Berkeley que o professor Amartya Sen, economista e filósofo de renome internacional, tenha proferido as Conferências Royer de 1986, nas quais se baseou este livro. Acreditamos que o leitor compartilhará de nossa gratidão pela oportuna contribuição do professor Sen e de nossos agradecimentos a René Olivieri, da Basil Blackwell, pela presteza na publicação.

John M. Letiche

PALAVRAS DO AUTOR

Esta é uma versão modificada das Conferências Royer que proferi na Universidade da Califórnia, em Berkeley, de 4 a 6 de abril de 1986. Agradeço ao Departamento de Economia, Filosofia e Ciência Política dessa universidade pelo convite para fazer as conferências e pelo estímulo intelectual e esplêndida hospitalidade que me foram concedidos durante a estada em Berkeley.

Na preparação deste texto revisto beneficiei-me imensamente de discussões com Jack Letiche, Martha Nussbaum, Derek Parfit e Bernard Williams. Também foram úteis os comentários de Irma Adelman, George Akerlof, Pranab Bardhan, Donald Davidson, John Harsanyi, Jocelyn Kynch, Samuel Sheffler e Benjamin Ward e os estimulantes debates que se seguiram às minhas três conferências. Agradeço ainda a Emma Dales pela excelente edição de texto e a Caroline Wise pela eficiente digitação dos originais.

Amartya Sen

1

COMPORTAMENTO ECONÔMICO E SENTIMENTOS MORAIS

Em versos não totalmente ruins, Edmund Clerihew Bentley assim comentou a respeito de um dos próceres da economia — ou economia política, como se chamava a matéria:

John Stuart Mill
By a mighty effort of will
Overcame his natural bonhomie
And wrote Principles of political economy. *

Ainda que John Stuart Mill merecesse os cumprimentos por refrear tão eficazmente sua bonachona cordialidade, não está totalmente claro que congratulações devemos dar à economia política por sua alegada exigência, parafraseando Dante: "Abandonai toda cordialidade, ó vós que entrais!". Talvez se pudesse admitir no economista, como pessoa, uma módica dose de cordialidade, contanto que em seus modelos econômicos ele mantivesse as motivações dos seres humanos puras, simples e práticas, não estorvadas por coisas como a boa vontade ou os sentimentos morais.

Embora essa concepção da economia seja amplamente acalentada (e não sem razão, considerando o modo como evoluiu a economia moderna), existe ainda assim algo de extraordinário no fato de a economia haver de fato evoluído dessa ma-

(*) John Stuart Mill/ Com prodigiosa força de vontade/ Superou sua natural bonomia/ E escreveu *Princípios de economia política*. (N. T.)

neira, caracterizando a motivação humana nesses termos tão espetacularmente restritos. Uma razão dessa singularidade é que a economia supostamente se ocupa de pessoas reais. É difícil crer que pessoas reais poderiam ser totalmente indiferentes ao alcance do auto-exame induzido pela questão socrática "Como devemos viver?" — uma questão que também é, como demonstrou Bernard Williams (1985), fundamentalmente motivadora da ética. As pessoas estudadas pela economia podem mesmo ser tão insensíveis a essa questão flexível e ater-se exclusivamente à impassibilidade rudimentar a elas atribuída pela moderna economia?

Outra característica surpreendente é o contraste entre o caráter conscientemente "não ético" da economia moderna e sua evolução histórica, em grande medida, como um ramo da ética. Não só o "pai da economia moderna", Adam Smith, foi professor de filosofia moral na Universidade de Glasgow (reconhecidamente uma cidade assaz pragmática), mas também o assunto da economia foi por muito tempo considerado de certa forma uma ramificação da ética. O fato de até bem pouco tempo atrás ensinar-se economia em Cambridge simplesmente como parte do "Moral Science Tripos"* é apenas um exemplo do diagnóstico tradicional da natureza da economia. De fato, na década de 1930, quando Lionel Robbins, em seu influente livro *An essay on the nature and significance of economic science*, afirmou que "não parece logicamente possível associar os dois estudos [economia e ética] de forma nenhuma além da justaposição",[1] ele estava assumindo uma postura na época bastante inusitada, embora hoje ela esteja extremamente em voga.

(*) Na Universidade de Cambridge, *Tripos* é o programa de estudos ou conjunto de exames prestados para a obtenção do *BA* (bacharelado em humanidades) com distinção. (N. T.)

(1) ROBBINS (1935, p. 148). Evidentemente, Robbins sabia muito bem estar contradizendo uma idéia amplamente aceita.

DUAS ORIGENS

De fato, pode-se dizer que a economia teve duas origens muito diferentes, ambas relacionadas à política, porém relacionadas de modos bem diversos, respectivamente concernentes à "ética", de um lado, e ao que poderíamos denominar "engenharia", de outro. A tradição ligada à ética remonta no mínimo a Aristóteles. Logo no início de *Ética a Nicômaco*, Aristóteles associa o tema da economia aos fins humanos, referindo-se à sua preocupação com a riqueza. Ele considera a política "a arte mestra". A política tem de usar "as demais ciências", inclusive a economia, e "como, por outro lado, legisla sobre o que devemos e o que não devemos fazer, a finalidade dessa ciência precisa incluir as das outras, para que essa finalidade seja o bem para o homem". O estudo da economia, embora relacionado imediatamente à busca da riqueza, em um nível mais profundo está ligado a outros estudos, abrangendo a avaliação e intensificação de objetivos mais básicos. "A vida empenhada no ganho é uma vida imposta, e evidentemente a riqueza não é o bem que buscamos, sendo ela apenas útil e no interesse de outra coisa."[2] A economia, em última análise, relaciona-se ao estudo da ética e da política, e esse ponto de vista é elaborado na *Política* de Aristóteles.[3]

Não há margem em tudo isso para dissociar o estudo da economia do estudo da ética e da filosofia política. Particularmente, cabe observar aqui que nessa abordagem há duas questões cruciais que são especialmente básicas para a economia. Primeiro, temos o problema da motivação humana ligado à questão amplamente ética "Como devemos viver?". Ressaltar

(2) *Ética a Nicômaco*, I.1-I.5; na tradução inglesa de Ross (1980, pp. 1-7).

(3) Embora Aristóteles discorra sobre o papel do Estado nos assuntos econômicos, também nunca abandona a postura de que "o fim do Estado" é "a promoção comum de uma boa qualidade de vida" (*Política*, III.ix; na tradução inglesa de Barker, 1958, p. 117). Ver também *Política*, I, viii-x.

essa ligação não equivale a afirmar que as pessoas sempre agirão de maneiras que elas próprias defendem moralmente, mas apenas a reconhecer que as deliberações éticas não podem ser totalmente irrelevantes para o comportamento humano real. Denominarei essa idéia "concepção da motivação relacionada à ética".

A segunda questão refere-se à avaliação da realização social. Aristóteles relacionou-a à finalidade de alcançar o "bem para o homem", mas apontou algumas características especialmente agregativas no exercício: "Ainda que valha a pena atingir esse fim para um homem apenas, é mais admirável e mais divino atingi-lo para uma nação ou para cidades-Estados" (*Ética a Nicômaco*, I.2; ROSS, 1980, p. 2). Essa "concepção da realização social relacionada à ética" não pode deter a avaliação em algum ponto arbitrário como "satisfazer a eficiência". A avaliação tem de ser mais inteiramente ética e adotar uma visão mais abrangente do "bem". Esse é um aspecto de certa importância novamente no contexto da economia moderna, especialmente a moderna economia do bem-estar.

A primeira das duas origens da economia, relacionada à ética e à concepção ética da política, indica assim, de fato, certas tarefas irredutíveis da economia. Devo tratar em breve da questão do grau em que a economia moderna tem sido capaz de desempenhar a contento essas tarefas. Antes disso, porém, discorrerei sobre a outra origem da economia — relacionada à abordagem da "engenharia". Essa abordagem caracteriza-se por ocupar-se de questões primordialmente logísticas em vez de fins supremos e de questões como o que pode promover o "bem para o homem" ou o "como devemos viver". Considera que os fins são dados muito diretamente, e o objetivo do exercício é encontrar os meios apropriados de atingi-los. O comportamento humano nessa abordagem baseia-se tipicamente em motivos simples e facilmente caracterizáveis.

Essa abordagem "engenheira" da economia proveio de várias direções e inclusive — a propósito — foi desenvolvida por alguns engenheiros de fato, como Leon Walras, economista francês do século XIX que muito contribuiu para resolver numerosos problemas técnicos nas relações econômicas, especialmente aqueles ligados ao funcionamento dos mercados. Muitos foram os pioneiros a contribuir para essa tradição da economia. Até mesmo as contribuições seiscentistas de Sir William Petty, justamente considerado o pioneiro da economia numérica, tiveram claramente um enfoque logístico, não desvinculado de seu interesse pessoal pelas ciências naturais e mecânicas.

A abordagem "engenheira" também se relaciona aos estudos econômicos que se desenvolveram a partir de análises técnicas da estadística. De fato, no livro que quase certamente foi o primeiro a ter um título remotamente parecido com "Economia", ou seja, o *Arthaśāstra*, de Kautilya (uma tradução livre do sânscrito poderia ser: "instruções para a prosperidade material"), destaca-se a abordagem logística da estadística, inclusive a política econômica. Kautilya, que escreveu no século IV a.C., era conselheiro e ministro do imperador indiano Chandragupta, o fundador da dinastia mauryana (e avô do mais célebre Aśoka).[4] O tratado começa com a distinção, no primeiro capítulo, entre "quatro campos de conhecimento", incluindo (1) metafísica e (2) conhecimento do "certo e do errado", mas depois se detendo na discussão de tipos mais práticos de conhecimento, concernentes a (3) "ciência do governo" e (4) "ciência da riqueza".

Discutindo uma grande variedade de problemas práticos, da "construção de aldeias", "classificação de terras", "coleta de

(4) Existem controvérsias quanto à época exata do *Arthaśāstra*. A versão hoje disponível parece ter sido escrita alguns séculos mais tarde, e se refere a Kautilya na terceira pessoa, citando suas opiniões, presumivelmente com base na versão anterior do documento. Para traduções inglesas, ver RAMASWAMY (1962) e SHAMA SASTRY (1967). Ver também KRISHNA RAO (1979) e SIL (1985).

receita", "manutenção de contas", "regulamentação de tarifas" etc. a "manobras diplomáticas", "estratégias para Estados vulneráveis", "pacto de colonização", "influência sobre facções de um Estado inimigo", "emprego de espiões", "controle de desfalques de altos funcionários" etc., o enfoque soberano do livro são os problemas de "engenharia". As motivações dos seres humanos são em grande medida especificadas em termos bem simples, e nelas deparamos, *inter alia*, com a mesma ausência de bonomia característica da economia moderna. Na análise do comportamento humano não figuram significativamente considerações éticas de sentido profundo. Nem a questão socrática nem as aristotélicas aparecem nesse outro documento da Antigüidade criado por um contemporâneo de Aristóteles.

Dada a natureza da economia, não surpreende que tanto a origem da economia relacionada à ética quanto a baseada na engenharia tenham cada qual seu poder de persuasão. Eu gostaria de afirmar que as questões profundas suscitadas pela concepção de motivação e realização social relacionada à ética precisam encontrar um lugar de importância na economia moderna, mas ao mesmo tempo é impossível negar que a abordagem da engenharia também tem muito a oferecer à economia. De fato, nas obras dos grandes economistas, notam-se em proporções variadas ambas as características. As questões éticas são obviamente levadas mais a sério por uns do que por outros. Por exemplo, elas dominam mais os escritos de, digamos, Adam Smith, John Stuart Mill (apesar do que disse Bentley), Karl Marx ou Francis Edgeworth, do que as contribuições de, digamos, William Petty, François Quesnay, David Ricardo, Augustine Cournot ou Leon Walras, que se preocuparam mais com os problemas de logística e engenharia na economia.

Evidentemente, nenhum dos gêneros é puro em sentido algum; é uma questão de equilíbrio das duas abordagens da economia. De fato, muitos expoentes da abordagem ética, de Aristóteles a Adam Smith, também se ocuparam intensamente das questões de engenharia, dentro do enfoque direcional do raciocínio ético.

Pode-se dizer que a importância da abordagem ética diminuiu substancialmente com a evolução da economia moderna. A metodologia da chamada "economia positiva" não apenas se esquivou da análise econômica normativa como também teve o efeito de deixar de lado uma variedade de considerações éticas complexas que afetam o comportamento humano real e que, do ponto de vista dos economistas que estudam esse comportamento, são primordialmente fatos e não juízos normativos. Examinando as proporções das ênfases nas publicações da economia moderna, é difícil não notar a aversão às análises normativas profundas e o descaso pela influência das considerações éticas sobre a caracterização do comportamento humano real.

REALIZAÇÕES E PONTO FRACO

Eu diria que a natureza da economia moderna foi substancialmente empobrecida pelo distanciamento crescente entre economia e ética.[5] Procurarei analisar a natureza dessa perda e o desafio que ela apresenta. Porém, antes de prosseguir, para evitar equívocos, gostaria de fazer duas observações a título de esclarecimento. Primeiro, não afirmo que a abordagem "engenheira" da economia não foi proveitosa. A meu ver, ela fre-

(5) Embora o enfoque deste livro seja sobre esse problema, obviamente não estou afirmando que essa é a única fonte importante de dificuldades na economia moderna. Para indicações de vários outros tipos de problemas, ver KORNAI (1971, 1985), WARD (1972), HICKS (1979, 1984, 1983), SCHELLING (1978), ELSTER (1978, 1979, 1983), HAHN & HOLLIS (1979), SIMON (1979), BLAUG (1980), PITT (1981), NELSON & WINTER (1982), AKERLOF (1984), HELM (1984, 1985), MATTHEWS (1984), MCCLOSKEY (1985). Sobre questões metodológicas afins, ver também ROBINSON (1962), LATSIS (1976), BELL & KRISTOL (1981), DYKE (1981), DASGUPTA (1984), STEEDMAN & KRAUSE (1986), WOO (1986).

qüentemente o foi. Muitos são os aspectos aos quais a economia conseguiu proporcionar melhor compreensão e esclarecimento precisamente graças ao amplo emprego da abordagem engenheira.

Essas contribuições foram possíveis *apesar* do descaso pela abordagem ética, uma vez que existem importantes questões logísticas na economia que realmente requerem atenção e que podem ser tratadas com eficácia, até certo ponto, mesmo dentro do formato limitado de uma visão não ética estreitamente deduzida da motivação e do comportamento humano. Para dar apenas um exemplo, o desenvolvimento da formal "teoria do equilíbrio geral", que trata da produção e troca nas relações de mercado, trouxe à luz, nitidamente, inter-relações importantes que demandam análise altamente técnica. Embora essas teorias freqüentemente sejam abstratas, não só no sentido de caracterizarem as instituições sociais de maneira bastante simples mas também de conceber os seres humanos em termos muito restritos, elas indubitavelmente facilitaram o entendimento da natureza da interdependência social. Essa interdependência constitui um dos aspectos mais complexos da economia em geral, e as concepções derivadas dessas análises teóricas revelaram-se úteis mesmo em problemas práticos prosaicos.

Para ilustrar, essa observação aplica-se perfeitamente à análise causal dos tragicamente reais problemas da fome individual e coletiva no mundo moderno. O fato de a fome coletiva ser causada mesmo em situações de grande e crescente disponibilidade de alimentos pode ser mais bem compreendido trazendo-se para a análise os padrões de interdependência que a teoria do equilíbrio geral ressaltou e enfocou. Em particular, revela-se que as fomes coletivas freqüentemente têm pouquíssima relação com a oferta de alimentos, apresentando, em vez disso, antecedentes causais em outros pontos da economia, relacionados por meio da interdependência econômica geral (sobre este tópico, ver SEN, 1981a).

O objetivo aqui não é apenas ressaltar que modelos teóricos muito abstratos podem, não obstante, ter uma importância prática considerável — fato esse que deve ser bastante óbvio. Também se pretende enfatizar que mesmo a caracterização singularmente estreita da motivação humana, abstendo-se de considerações éticas, pode, ainda assim, ser útil para a compreensão da natureza de muitas relações sociais de importância na economia. Portanto, não estou afirmando que a abordagem não ética da economia tem de ser improdutiva. Mas gostaria de mostrar que a economia, como ela emergiu, pode tornar-se mais produtiva se der uma atenção maior e mais explícita às considerações éticas que moldam o comportamento e o juízo humanos. Não é meu intuito descartar o que foi ou está sendo alcançado, e sim, inquestionavelmente, exigir mais.

A segunda observação esclarecedora diz respeito à natureza bilateral da perda resultante do distanciamento crescente entre economia e ética. Até agora, concentrei-me no que a economia tendeu a perder por desconsiderar as concepções relacionadas à ética da motivação e realização social e, de fato, aprofundarei mais esse exame durante o resto deste ensaio. Mas também gostaria de mostrar que existe algo nos métodos tradicionalmente empregados na economia, relacionados *inter alia* com seus aspectos "de engenharia", que podem ser úteis para a ética moderna, e que a distância que se desenvolveu entre economia e ética também tem sido, a meu ver, prejudicial a esta última.

De fato, embora no pensamento dos economistas devam constar as obviamente importantes questões aristotélicas já mencionadas, não podemos perder de vista que a questão concernente ao papel da economia foi levantada por Aristóteles sobretudo no contexto de proporcionar uma visão suficientemente ampla da ética e da política (*Ética a Nicômaco*, livro I). As questões econômicas podem ser de extrema importância para as questões éticas, inclusive a indagação socrática "Como devemos viver?".

Com efeito, excluindo o papel direto da economia na melhor compreensão da natureza de algumas das questões éticas, existe também o aspecto metodológico de que alguns dos *insights* empregados na economia ao lidar com problemas de interdependência podem ter uma importância substancial quando tratamos de problemas éticos complexos, mesmo não havendo variáveis econômicas envolvidas.

Recentemente, vários filósofos morais ressaltaram — com acerto, a meu ver — a importância *intrínseca* de muitas considerações que a escola ética dominante do pensamento utilitarista julga terem apenas um valor instrumental. Porém, mesmo essa importância intrínseca sendo aceita, a necessidade da análise instrumental e conseqüencial não se reduz de fato, pois variáveis intrinsecamente importantes *também* podem ter papéis instrumentais, influenciando outras coisas intrinsecamente importantes. Acontece que foi na investigação de complexas interdependências que o raciocínio econômico, influenciado pela abordagem "engenheira", logrou avanços muito significativos. A esse respeito, a ética pode ganhar com raciocínios do tipo comumente usado em economia. Haverá oportunidade de examinar essa questão quando discutirmos a natureza e a importância da análise conseqüencial, no terceiro capítulo.

COMPORTAMENTO ECONÔMICO E RACIONALIDADE

No restante deste capítulo, tratarei principalmente da questão do comportamento econômico e da motivação. A suposição do "comportamento racional" tem um papel fundamental na economia moderna. Supõe-se que os seres humanos se comportam racionalmente e, dada essa pressuposição especial, caracterizar o comportamento racional, nessa abordagem, não difere, em última análise, de descrever o comportamento real.

Temos aqui uma questão muito controversa, pois pode-se

contestar que seja sensato abordar o problema de prever o comportamento real fazendo o conceito de racionalidade atuar como "intermediário". Mesmo se a caracterização do comportamento racional na economia tradicional fosse aceita como absolutamente correta, poderia não necessariamente ter sentido supor que as pessoas *realmente* se comportariam do modo racional caracterizado. Há muitas dificuldades óbvias nessa via, especialmente porque está bem claro que todos nós de fato cometemos erros, com freqüência experimentamos, nos confundimos e assim por diante. O mundo decerto tem sua cota de Hamlets, Macbeths, Lears e Otelos. Os tipos friamente racionais podem povoar nossos livros didáticos, mas o mundo é mais rico.

Evidentemente, é possível basear uma crítica da economia moderna na identificação do comportamento real com o comportamento racional, e essas críticas de fato foram expressas com grande veemência.[6] Em defesa da hipótese de que o comportamento real é igual ao comportamento racional, poder-se-ia dizer que, embora isso tenda a conduzir a erros, a alternativa de supor qualquer tipo *específico* de irracionalidade muito provavelmente conduziria a erros bem mais numerosos. Esta é uma questão profunda, que deixarei de lado por ora, embora venha a retomá-la mais adiante neste capítulo.

Vale a pena, porém, tecer dois comentários preliminares antes de prosseguirmos. Primeiro, é possível uma concepção de racionalidade admitir padrões de comportamento alternativos; isso ocorrendo, a suposição do comportamento racional sozinha não seria adequada para definir algum comportamento real "requerido", mesmo se fossem totalmente especificados os objetivos finais e as restrições. Segundo, a questão de identificar o comportamento real com o comportamento racional (in-

(6) Ver, em especial, HIRSCHMAN (1970, 1982), KORNAI (1971), SCITOVSKY (1976), SIMON (1979), ELSTER (1983), SCHELLING (1984), STEEDMAN & KRAUSE (1986).

dependentemente de como se defina racionalidade de comportamento) tem de ser distinguida da questão do conteúdo do comportamento racional propriamente dito. As duas questões não são desconexas, mas ainda assim são muito distintas uma da outra. Como já mencionado, na teorização econômica tradicional, essas duas características foram, de fato, freqüentemente usadas de maneira complementar. As duas juntas foram usadas para caracterizar a natureza do comportamento real por meio de um duplo processo: (1) identificar o comportamento real com o comportamento racional e (2) especificar a natureza do comportamento racional em termos muito restritos.

RACIONALIDADE COMO CONSISTÊNCIA

Como o comportamento racional é caracterizado na teoria econômica tradicional? É justo dizer que existem dois métodos predominantes de definir racionalidade de comportamento na corrente dominante da teoria econômica. Um deles consiste em conceber a racionalidade como uma *consistência* interna de escolha; o outro, em identificar racionalidade com *maximização do auto-interesse*.

Considerando inicialmente a primeira dessas abordagens, os requisitos da consistência podem ser variados, mas os tradicionais tendem a relacionar-se — direta ou indiretamente — com a possibilidade de explicar o conjunto de escolhas reais como resultado de maximização segundo alguma relação binária. Em algumas formulações, requer-se apenas um tipo limitado de relação binária, enquanto em outras a função de escolha é considerada inteiramente representável por uma relação binária — o que Richter (1971) denomina "racionalizacidade" [*rationalizability*]. Em formulações ainda mais exigentes, requer-se que a relação binária seja inteiramente transitiva e, com ainda mais rigor, que seja inclusive representável por uma função numérica que supostamente a pessoa maximiza.[7]

Não cabe aqui enveredar pelas dessemelhanças analíticas entre os diferentes requisitos de consistência interna ou investigar o grau de congruência que algumas condições de consistência aparentemente distintas realmente apresentam.[8] Porém, não importa quais sejam essas condições, é difícil crer que a consistência interna de escolha possa ela própria ser uma condição adequada de racionalidade. Se uma pessoa fizesse exatamente o oposto daquilo que a ajudaria a obter o que ela deseja, e fizesse isso com impecável consistência interna (sempre escolhendo exatamente o oposto daquilo que aumentaria a ocorrência das coisas que ela deseja e valoriza), essa pessoa não poderia ser considerada racional, mesmo se essa consistência obstinada inspirasse algum tipo de admiração pasma no observador. A escolha racional tem de exigir algo pelo menos com respeito à correspondência entre o que se tenta obter e como se busca obtê-lo.[9] Igualmente se poderia questionar que o comportamento racional deve, *inter alia*, requerer certa consistên-

(7) Nem todas as ordenações completas são numericamente representáveis (sobre isso, ver DEBREU, 1959).

(8) Investiguei as conexões entre essas relações em SEN (1971, 1977a). Ver também HANSSON (1968), RICHTER (1971), HERZBERGER (1973), FISHBURN (1974), KELLY (1978), SUZUNURA (1983), AIZERMAN (1985) e SCHWARTZ (1986), entre outros.

(9) Obviamente, pode-se considerar que a racionalidade requer mais do que isso, porém não menos. Pode-se dizer que o que almejamos obter deveria também satisfazer alguns critérios de avaliação racional (sobre este aspecto, ver BROOME, 1978, PARFIT, 1984, SEN, 1985e), de modo que um conceito puramente "instrumental" de racionalidade pode ser absolutamente inadequado. Porém, mesmo que essa postura seja adotada, o papel "instrumental" da escolha precisa *inter alia* ser aceito. O que se pode denominar "racionalidade de correspondência" — a correspondência de escolhas com objetivos etc. — deve ser uma condição *necessária* da racionalidade como um todo, independentemente de ser ou não também *suficiente* — isto é, independentemente de a "racionalidade de correspondência" ter ou não de ser suplemen-

cia, embora essa questão seja muito mais complexa do que freqüentemente se afirma (como procurarei mostrar no terceiro capítulo). Mas a consistência em si mesma não pode ser *suficiente* para o comportamento racional.

Procurei mostrar em outro trabalho[10] que até mesmo a própria idéia de consistência *puramente interna* não é convincente, pois o que consideramos coerente em um conjunto de escolhas observadas deve depender da *interpretação* dessas escolhas e de algumas características *externas* à escolha propriamente dita (por exemplo, a natureza de nossas preferências, objetivos, valores, motivações). Independentemente de essa concepção "extrema", que a meu ver é correta, ser ou não aceita, com certeza é bizarro julgar que a consistência interna — não importa como ela seja definida — poderia em si mesma ser *suficiente* para garantir a racionalidade de uma pessoa.

Devo acrescentar que a concepção da racionalidade como consistência tem sido, em algumas obras, tornada aparentemente menos implausível graças à atração hipnótica de palavras bem escolhidas. A relação binária que fundamenta a escolha, quando esta apresenta uma consistência desse tipo, às vezes é descrita como a "função de utilidade" da pessoa. É desnecessário dizer que, por essa interpretação, a pessoa maximiza sua "função de utilidade". Mas isso não acrescenta coisa alguma ao que já sabíamos e, em particular, não está dizendo nada sobre o que essa pessoa está tentando maximizar. Denominar essa relação binária "função de utilidade" da pessoa não nos diz que é sua utilidade em qualquer sentido independentemente definido (como felicidade ou satisfação de um desejo) que a pessoa está de fato tentando maximizar.

---

tada por requisitos de racionalidade ligados à natureza da reflexão sobre o que a pessoa deveria desejar, valorizar ou almejar (o que é denominado "racionalidade de reflexão" em SEN, 1985e).

(10) Em meu discurso de posse na presidência da Sociedade Econométrica, em 1984, a ser publicado em *Econometrica* com o título "Consistency" (SEN, 1984c).

AUTO-INTERESSE E COMPORTAMENTO RACIONAL

Examino agora a segunda abordagem da racionalidade — a da maximização do auto-interesse. De fato, ela se fundamenta no requisito de uma correspondência *externa* entre as escolhas que uma pessoa faz e seu auto-interesse. Essa abordagem certamente não se presta à crítica que se fez à concepção de racionalidade como consistência interna. Em termos de linhagem histórica, a interpretação da racionalidade como auto-interesse é bastante antiga, e há vários séculos tem sido uma das características principais da teorização econômica predominante.

O problema dessa abordagem da racionalidade reside em outro aspecto. Por que deveria ser *unicamente* racional empenhar-se pelo auto-interesse excluindo todo o resto? Evidentemente, pode não ser de todo absurdo afirmar que a maximização do auto-interesse não é irracional, pelo menos não necessariamente, mas asseverar que tudo o que não for maximização do auto-interesse tem de ser irracional parece absolutamente insólito.

A visão da racionalidade como auto-interesse implica, *inter alia*, uma decidida rejeição da concepção da motivação "relacionada à ética". Tentar fazer todo o possível para obter o que gostaríamos pode ser parte da racionalidade, e isso pode incluir o empenho por objetivos desvinculados do auto-interesse, os quais podemos valorizar e desejar promover. Considerar qualquer afastamento da maximização do auto-interesse uma prova de irracionalidade tem de implicar uma rejeição do papel da ética na real tomada de decisão (que não seja alguma variação ou mais um exemplo daquela exótica concepção moral conhecida como "egoísmo ético").[11]

A estratégia metodológica de usar o conceito de racionalidade como um "intermediário" é particularmente inapropriada para conduzir à proposição de que o comportamento *real*

(11) Para um exame crítico de diferentes versões do "egoísmo ético", ver WILLIAMS (1985, pp. 11-5).

tem de ser maximizador do auto-interesse. De fato, pode ser menos absurdo afirmar que as pessoas sempre *de fato* maximizam o auto-interesse do que afirmar que a *racionalidade* deve invariavelmente requerer a maximização do auto-interesse. O egoísmo universal como uma *realidade* pode muito bem ser falso, mas o egoísmo universal como um requisito da *racionalidade* é patentemente um absurdo. O complexo procedimento de igualar a maximização do auto-interesse à racionalidade e então identificar o comportamento real com o comportamento racional parece ser totalmente contraproducente se a intenção final é apresentar uma argumentação aceitável para a suposição da maximização do auto-interesse na especificação do comportamento *real* na teoria econômica. Tentar usar os requisitos de racionalidade ao sair em batalha para defender a hipótese tradicional de comportamento da teoria econômica (ou seja, a *real* maximização do auto-interesse) é como liderar uma carga de cavalaria montado em um burro manco.

Deixando de lado por um momento a racionalidade, que valor tem como hipótese a maximização do auto-interesse como caracterização do comportamento *real*? O chamado "homem econômico", que busca seus próprios interesses, é o que melhor representa o comportamento dos seres humanos, ao menos em questões econômicas? Essa é efetivamente a suposição tradicional da economia, e esse ponto de vista conta com numerosos defensores.[12] Por exemplo, em suas Conferências

(12) Também foi contestado de vários pontos de vista, sendo sugeridas diversas estruturas alternativas. Ver SEN (1966, 1973a, 1974, 1977c), HIRSCHMANN (1970, 1977, 1982, 1984, 1985), NAGEL (1970), KORNAI (1971), HOLLIS & NELL (1975), LEIBENSTEIN (1976), SCITOVSKY (1976, 1985), BAIER (1977), HIRSCH (1977), ULLMAN-MARGALIT (1977), BROOME (1978), COLLARD (1978), ROSE-ACKERMAN (1978), SCHELLING (1978, 1984), WONG (1978), ELSTER (1979, 1983), HOLLIS (1979, 1981), MAJUMDAR (1980), PATTANAIK (1980), SOLOW (1980), WINSTON (1980), DYKE (1981), PUTTERMAN (1981, 1986), VAN DER VEEN (1981), AKERLOF & DICKENS (1982), MCPHERSON (1982, 1984), MARGOLIS (1982), AKERLOF (1983, 1984), DOUGLAS (1983), HINDESS

Tanner intituladas "Economia ou ética?", George Stigler (1981) apresentou uma defesa bem articulada da concepção de que "vivemos em um mundo de pessoas razoavelmente bem informadas que agem de modo inteligente para realizar seus interesses próprios" (p. 190).

O que Stigler apresenta a título de comprovação dessa crença, porém, parece em grande medida restringir-se a previsões feitas por ele mesmo:

> Permitam-me prever o resultado de testes sistemáticos e abrangentes do comportamento em situações em que o auto-interesse e valores éticos amplamente alardeados entrem em conflito. Na maioria das vezes, de fato, a teoria do auto-interesse (como eu a interpretei na linha smithiana) será a vencedora.[13]

Stigler não revela em que fundamentou sua previsão além de sua crença de que esse resultado "é o predominantemente encontrado pelos economistas não apenas em uma grande variedade de fenômenos econômicos, mas igualmente em suas investigações sobre o comportamento conjugal, reprodutivo,

---

(1983), FROHLICK & OPPENHEIMER (1984), GEORGE (1984), HELM (1984a), PARFIT (1984), SCHICK (1984), DAVIDSON (1985a), DIWAN & LUTZ (1985), FRANK (1985), HIRSCHLEIFER (1985), SCHOTTER (1985), STEEDMAN & KRAUSE (1986). Mas é justo dizer que, apesar dessas (e de outras) críticas, a hipótese do comportamento puramente auto-interessado permanece como a mais utilizada na economia, fornecendo os alicerces do comportamento para a teoria econômica e a análise da política econômica tradicionais e servindo de base para boa parte do que é ensinado aos estudantes de economia.

(13) STIGLER (1981, p. 176). Mais adiante, Stigler afirma que "a hipótese da maximização da utilidade é [...] difícil de testar, menos em razão das próprias ambigüidades do que por não existir um conjunto aceito de crenças éticas cuja consistência com a hipótese possa ser testada" (pp. 189-90). Contudo, pode-se argumentar que se realmente não existissem ambigüidades na definição da "hipótese da maximização de utilidade", deveria ser possível testar os resultados dessa hipótese *vis-à-vis* afastamentos *em direção* aos interesses de outros. Além disso, ao testar se a hipótese da maximização de utilidade, não sendo ela ambígua, é ou não é correta, não há necessidade de contrastá-la com um determinado "conjunto aceito de crenças éticas".

criminoso, religioso e outros comportamentos sociais" (p. 176). Porém, o fato é que foram feitos pouquíssimos testes empíricos desse tipo, seja em economia, seja em questões como as relações conjugais ou o comportamento religioso, apesar dos pronunciamentos analiticamente interessantes de alguns teóricos.[14] Embora as afirmações de convicção sejam abundantes, raras são as constatações de fatos reais. As garantias de que a teoria do auto-interesse "será a vencedora" têm-se baseado em alguma teorização especial em vez de na verificação empírica.

Às vezes, a razão alegada para supor a ação auto-interessada parece basear-se em seus resultados esperados — argumentando que isso conduziria a resultados eficientes. O êxito de algumas economias de livre mercado, como o Japão, na obtenção da eficiência também tem sido citado como prova da teoria do auto-interesse. Contudo, o êxito de um mercado livre nada nos diz sobre que *motivação* está por trás da ação dos agentes econômicos em uma economia desse tipo. De fato, no caso japonês, existem eloqüentes provas empíricas de que afastamentos sistemáticos do comportamento auto-interessado em direção ao dever, à lealdade e à boa vontade têm desempenhado um papel importante no êxito da indústria.[15] O que Michio Morishima (1982) denomina "o *éthos* japonês" certamente é difícil de encaixar em qualquer descrição simples de comportamento auto-interessado (mesmo levando em consideração os efeitos indiretos, aos quais Stigler corretamente se refere). Com efeito, estamos começando a perceber o desenvolvimento de todo um conjunto de teorias alternativas sobre o comportamen-

(14) Sobre esse aspecto, ver BECKER (1976, 1981), POSNER (1977, 1980), GROOSBARD (1980), RADNITZKY & BERNHOLZ (1985).

(15) De fato, o predomínio do comportamento baseado em regras no Japão pode ser visto não só nos assuntos econômicos mas também em outras esferas da conduta social, como por exemplo a raridade com que se joga lixo nas ruas, a pouca freqüência de litígios, um número incomumente pequeno de advogados e baixo índice de criminalidade em comparação com países do mesmo nível de riqueza.

to econômico visando ao êxito da indústria, baseadas em estudos comparativos de sociedades diferentes com diferentes sistemas de valores predominantes (a observação de Ronald Dore (1984) sobre o que ele denomina "a receita confuciana para o êxito industrial" é um exemplo interessante dessas teorias alternativas).[16]

Vale a pena comentar — correndo o risco de apontar o óbvio — que negar que as pessoas sempre se comportam de modo exclusivamente auto-interessado não equivale a afirmar que elas *sempre* agem com altruísmo. Seria extraordinário o auto-interesse não ter um papel importantíssimo em numerosas decisões e, de fato, as transações econômicas normais entrariam em colapso se o auto-interesse não desempenhasse um papel substancial em nossas escolhas (sobre esse argumento, ver SEN, 1983b). A verdadeira questão é se existe ou não uma pluralidade de motivações ou se *unicamente* o auto-interesse rege os seres humanos.

Uma segunda observação esclarecedora é que o contraste não se dá necessariamente entre o auto-interesse, de um lado, e algum tipo de preocupação geral por todas as pessoas, de outro. A tradicional dicotomia entre "egoísmo" e "utilitarismo" (ver SIDGWICK, 1874; EDGEWORTH, 1881) é enganosa em vários aspectos, inclusive no fato de os grupos que atuam como intermediários entre o indivíduo e o todo — como classe, comunidade ou grupos ocupacionais — fornecerem o enfoque para muitas ações que envolvem comportamento com comprometimento [*committed behaviour*]. Os membros de cada grupo po-

(16) A perspectiva evolucionista é importante nesse contexto; ver HICKS (1969), HIRSCHLEIFER (1977, 1985), GUHA (1981), SCHOTTER (1981, 1985), NELSON & WINTER (1982), HELM (1984a), MATTHEWS (1984). Sobre a literatura da área biológica, ver MAYNARD SMITH (1982), além de DAWKINS (1976, 1982) e WILSON (1978, 1980). O argumento simples da seleção natural das firmas maximizadoras de lucro (ver FRIEDMAN, 1953) requer modificações substanciais na presença de reconhecidas complexidades do processo evolutivo.

dem ter interesses que são em parte convergentes e em parte conflitantes. As ações baseadas na lealdade ao grupo podem implicar, em alguns aspectos, um sacrifício de interesses puramente pessoais, assim como podem também facilitar, em outros aspectos, maior realização do auto-interesse. O equilíbrio relativo desses dois resultados pode variar. Os elementos congruentes podem ser dominantes, digamos, na ação combinada de grupos de pressão militando por concessões que atendam aos interesses de todos os membros,[17] embora militantes também possam estar dispostos a sacrificar alguns ganhos *pessoais* pela "causa" do grupo. Em outras relações, como por exemplo em muitos casos de responsabilidades familiares, o grau de sacrifício pode ser extraordinariamente elevado.[18] A mistura de comportamento egoísta e de altruísta é uma das características importantes da lealdade ao grupo, e essa mistura pode ser observada em uma grande variedade de associações de grupo, de relações de parentesco e comunidades aos sindicatos e grupos de pressão econômica.[19]

É importante distinguir entre dois aspectos no problema

(17) Ver, por exemplo, AUMANN & KURZ (1977), BECKER (1983), LINDBECK (1985). Ver também FREY (1983).

(18) Em muitas sociedades, as relações familiares tradicionais têm exigido sacrifícios assimétricos de alguns membros da família, como por exemplo das mulheres. A sobrevivência dessas tradições freqüentemente foi favorecida pela aceitação de um tipo específico de "ética" no qual desigualdades gritantes no modo de vida podem não parecer inaceitáveis e, às vezes, podem não ser efetivamente reconhecidas e expostas a avaliação e aceitação. A questão da percepção é crucial para a compreensão das desigualdades entre os sexos nas sociedades tradicionais, e um desafio ético às moralidades tradicionais requer argumentos cognitivos. Procurei discutir essas questões factuais e morais inter-relacionadas, principalmente à luz de dados obtidos na Índia, em SEN (1984a, 1985b, 1985f); ver também KYNCH & SEN (1983).

(19) O chamado "*ethos* japonês" (MORISHIMA, 1982; DORE, 1983) reflete um caso especial de lealdade ao grupo de um tipo que pode ser encontrado em grau menor ou maior em muitos tipos de atividades econômicas que usam trabalho em equipe de várias pessoas.

do comportamento auto-interessado. Existe, primeiro, a questão de se as pessoas de fato se *comportam* de um modo exclusivamente auto-interessado. Há uma segunda questão: se as pessoas se comportassem de um modo unicamente auto-interessado, alcançariam certos êxitos específicos, como, por exemplo, eficiência de algum tipo?[20] Essas duas proposições foram atribuídas a Adam Smith.[21] Mas na realidade há poucos indícios de que ele acreditava nessas proposições, contrariamente às constantes referências à visão "smithiana" sobre a ubiqüidade e a eficiência do comportamento auto-interessado. Vale a pena discutir essa questão porque Smith foi uma figura de máxima importância

(20) As duas principais definições de eficiência empregadas em economia são, respectivamente: (1) "eficiência técnica", segundo a qual não é possível gerar mais de um determinado produto sem produzir menos de algum outro (considerando os insumos como produtos negativos); (2) "eficiência econômica", identificada com a "otimalidade de Pareto" [*Pareto optimality*], condição na qual ninguém pode melhorar seu estado sem piorar o de alguma outra pessoa. No capítulo 2 examinaremos criticamente a idéia de "eficiência econômica".

(21) A segunda é o tema do *limerick* [tipo de poema humorístico (N. T.)] de Stephen Leacock:

Adam, Adam, Adam Smith
Listen what I charge you with!
Didn't you say
In the class one day
That selfishness was bound to pay?
Of all doctrines that was the Pith,
Wasn't it, wasn't it, wasn't it, Smith?

(Stephen Leacock, *Hellements of Hickonomics*. Nova York, Dodd, Mead & Co., 1936, p. 75)

[Adam, Adam, Adam Smith/ Ouve a acusação que te faço!/ Não disseste/ Na aula um dia/ Que o egoísmo haveria de compensar?/ De todas as doutrinas esse foi o cerne,/ Não foi, não foi, não foi mesmo, Smith?]

Agradeço imensamente ao professor Elspeth Rostow por chamar-me a atenção para essa convincente representação de uma interpretação comum de Adam Smith.

na origem da economia e *também* porque o tratamento que ele deu ao problema é verdadeiramente esclarecedor e útil.

ADAM SMITH E O AUTO-INTERESSE

Em seu divertido ensaio "Smith's travel on the ship of the State" [A viagem de Smith no navio do Estado], George Stigler começa interpretando a observação smithiana de que "embora os princípios da *prudência* comum nem sempre governem a conduta de todo indivíduo, eles sempre influenciam a da maioria de toda classe ou ordem" como implicando que "o *auto-interesse* domina a maioria dos homens".[22] Na verdade, não é correto identificar "prudência" com "auto-interesse". Como Smith explica em *Teoria dos sentimentos morais*, prudência é "a união das" duas qualidades da "razão e entendimento", de um lado, e do "autodomínio", de outro (SMITH, 1790, p. 189). A concepção de "autodomínio", que Smith foi buscar nos estóicos,[23] de modo algum é idêntica a "auto-interesse" ou ao que Smith denominava "amor-próprio" [*self-love*].

De fato, as raízes estóicas da concepção smithiana de "sentimentos morais" também deixam claro por que a simpatia e a autodisciplina tiveram um papel tão importante na noção de bom comportamento de Smith.[24] Como ele mesmo salientou, "o homem, segundo os estóicos, deve considerar-se não separado e desvinculado, mas um cidadão do mundo, um membro da vasta comunidade da natureza", e "no interesse dessa grande comunidade, ele deve em todos os momentos estar disposto

(22) STIGLER (1975, p. 237); grifo meu.

(23) Sobre a influência dos pensadores estóicos sobre Adam Smith, ver RAPHAEL & MACFIE (1976, pp. 5-11) e, obviamente, as referências do próprio Smith à literatura estóica (SMITH, 1790).

(24) Sobre o papel crucial da autodisciplina, particularmente na supressão das emoções, na abordagem estóica da ética, ver NUSSBAUM (1986b).

ao sacrifício de seu mesquinho auto-interesse" (p. 140). Embora a prudência vá muito além da maximização do auto-interesse, Smith em geral a considerava apenas como sendo "de todas as virtudes a que mais auxilia o indivíduo", ao passo que "humanidade, justiça, generosidade e espírito público são as qualidades mais úteis aos outros" (SMITH, 1790, p. 189).

É instrutivo examinar como foi que a defesa smithiana da "simpatia" [*simpathy*], além da "prudência" (incluindo o "autodomínio"), tendeu, em grande medida, a perder-se nos escritos de muitos economistas defensores da chamada posição "smithiana" sobre o auto-interesse e suas realizações. Sem dúvida é verdade que Smith julgava, como de fato qualquer um julgaria, que muitas de nossas ações são realmente auto-interessadas e que algumas delas com efeito produzem bons resultados. Um trecho de Adam Smith citado à exaustão pelos smithianos mais recentes é o seguinte: "Não é da benevolência do açougueiro, do cervejeiro ou do padeiro que esperamos obter nosso jantar, e sim da atenção que cada qual dá ao próprio interesse. Apelamos não à sua humanidade mas ao seu amor-próprio, e nunca lhes falamos das nossas necessidades, e sim de seus interesses" (SMITH, 1776, pp. 26-7).

Embora muitos admiradores de Smith não pareçam ter avançado além do trecho sobre o açougueiro e o cervejeiro, até mesmo uma leitura dessa passagem indicaria que o que Smith está fazendo aqui é especificar por que e como se efetuam as transações normais no mercado e por que e como funciona a divisão do trabalho, que é o tema do capítulo onde se encontra o trecho citado. Mas o fato de Smith ter observado que transações mutuamente vantajosas são muito comuns não indica em absoluto que ele julgava que o amor-próprio unicamente, ou na verdade a prudência em uma interpretação abrangente, podia ser suficiente para a existência de uma boa sociedade. De fato, ele afirmava exatamente o oposto. Smith não alicerçava a salvação da economia em alguma motivação única.

De fato, Smith criticou Epicuro por tentar conceber a virtude inteiramente em termos da prudência, e aproveitou a oportunidade para desancar os "filósofos" que tentaram reduzir tudo a uma só virtude:

> Emendando todas as diferentes virtudes também a essa única espécie de atributo, Epicuro permitiu-se uma inclinação que é natural a todos os homens, mas que os filósofos especialmente tendem a cultivar com particular predileção como o grande modo de ostentar seu engenho: a propensão a explicar todos os fenômenos a partir do menor número possível de princípios. (SMITH, 1790, p. 299)

Ironicamente, essa "particular predileção" viria a ser atribuída ao próprio Smith por seus exaltados admiradores ao fazê-lo "guru" do auto-interesse (contrariando o que ele realmente afirmou).[25]

A atitude de Smith com respeito ao "amor-próprio" tem algo em comum com a de Edgeworth, para quem o "cálculo econômico", contrariamente à avaliação ética, era particularmente relevante para duas atividades específicas: "guerra e contratos".[26] A referência aos contratos evidentemente guarda uma perfeita analogia com a referência de Smith ao comércio, pois este ocorre com base em contratos (explícitos ou implícitos) mutuamente vantajosos. Mas existem muitas outras atividades na economia e fora dela nas quais o simples empenho pelo auto-interesse não é o grande redentor, e Smith não atribuiu um papel geralmente superior à busca do auto-interesse

(25) Discorri sobre a natureza dessa interpretação errônea em um artigo intitulado "Adam Smith's prudence", SEN (1986b). Ver também WINCH (1978) e BRENNAN & LOMASKY (1986). Sobre tópicos afins, ver HOLLANDER (1973), RAPHAEL (1985), SKINNER & WILSON (1975), ROSENBERG (1984).

(26) EDGEWORTH (1881, p. 52). Como bom utilitarista, Edgeworth refere-se apenas ao utilitarismo como uma possível abordagem ética, mas seu contraste geral entre auto-interesse e cálculos éticos é bem claro. Ver também COLLARD (1975).

em nenhuma de suas obras. A defesa do comportamento autointeressado aparece em contextos específicos, particularmente relacionados a várias barreiras burocráticas da época e a outras restrições a transações econômicas que dificultavam o comércio e atrapalhavam a produção.[27]

Uma área específica em que a análise econômica smithiana foi amplamente mal interpretada com graves conseqüências é a da fome. Essa questão relaciona-se apenas indiretamente ao papel do objetivo do lucro. Smith de fato afirmou que, embora com freqüência se culpem os comerciantes por causar os surtos de fome em massa, eles na realidade não os causam, e a fome epidêmica decorre do que Smith denominou "uma real escassez" (SMITH, 1776, p. 526). Smith opunha-se à supressão ou restrição do comércio. Mas isso não significa que ele desaprovava a ajuda pública aos pobres. De fato, ao contrário de Malthus, Smith não se opôs às Leis dos Pobres, embora as criticasse pela severidade e pela natureza contraproducente de algumas das regras restritivas que afetavam os beneficiários (pp. 152-4).

Ademais, em *A riqueza das nações*, Smith realmente discorreu sobre a possibilidade de um processo econômico envolvendo o mecanismo de mercado gerar surtos de fome coletiva

(27) Smith ressaltou com toda a clareza a natureza contemporânea de muitas de suas considerações. De fato, ele parece ter tido uma preocupação científica com a possibilidade de não se compreender o contexto temporal de suas observações. De fato, a "Nota do autor" da terceira edição de *A riqueza das nações* destinou-se quase exclusivamente a esclarecer o contexto temporal das referências de Smith ao "atual estado de coisas": "A primeira edição desta obra foi impressa em fins do ano de 1775 e no princípio de 1776. Por conseguinte, na maior parte do livro, sempre que se menciona o atual estado de coisas deve-se entender o estado em que nos encontrávamos, seja naquela época, seja em algum período anterior em que eu me ocupava de escrever o livro. A esta terceira edição, contudo, fiz vários acréscimos [...] Em todos esses acréscimos, *o atual estado de coisas* refere-se sempre às condições vigentes durante o ano de 1783 e o início do presente ano de 1784" (na edição de Campbell & Skinner, SMITH, 1776, p. 8).

sem que eles decorressem de uma "verdadeira escassez" provocada por um declínio na produção de alimentos propriamente dita.[28]

> Mas seria diferente em um país onde os fundos destinados à manutenção de trabalhadores estivessem declinando sensivelmente. A cada ano a demanda por servidores e trabalhadores, em todas as diversas classes de ocupações, seria menor que a do ano anterior. Muitos dos nascidos nas classes superiores, incapazes de encontrar emprego na própria atividade, de bom grado o buscariam nas inferiores. Na classe inferior, não só com um excedente de seus próprios trabalhadores mas com as sobras de todas as demais classes, tal seria a competição por emprego que se reduziriam os ganhos do trabalho à mais miserável e parca subsistência do trabalhador. Muitos não conseguiriam encontrar emprego sequer nessas condições implacáveis, morrendo de fome ou sendo levados a subsistir com esmolas ou perpetrando grandes atrocidades. Necessidade, fome e mortandade prevaleceriam imediatamente nessa classe e dali se estenderiam a todas as classes superiores. (SMITH, 1776, pp. 90-1)

Nesta análise, as pessoas são levadas à penúria e à fome por um processo sobre o qual elas têm pouco controle. Embora freqüentemente os administradores do Império citassem Smith quando justificavam sua recusa a intervir na fome coletiva em lugares diversos como Irlanda, Índia e China, nada indica que a abordagem ética smithiana das políticas governamentais teria excluído a intervenção em favor dos direitos* [*entitlements*] dos pobres. Ainda que Smith certamente se opusesse à supres-

(28) As complexas idéias de Smith sobre as causas das fomes coletivas foram examinadas em SEN (1986a).

(*) O emprego por Amartya Sen do termo *entitlements*, aqui traduzido por "direitos", tem, como vários outros termos usados por esse autor, um significado específico e vinculado ao pensamento de Sen como um todo. Neste caso, *entitlement* refere-se à "capacidade de uma pessoa para dispor de alimentos segundo os meios legais encontrados na sociedade, incluindo o uso de possibilidades de produção, oportunidades de troca, direito a benefícios

são do comércio, o fato de ele indicar o desemprego e os baixos salários reais como causas da fome sugere uma variedade de possíveis políticas públicas em resposta ao problema.[29]

A interpretação errônea da postura complexa de Smith com respeito à motivação e aos mercados e o descaso por sua análise ética dos sentimentos e do comportamento refletem bem quanto a economia se distanciou da ética com o desenvolvi-

---

pagos pelo Estado e outros métodos de aquisição de alimentos". Ver SEN, 1981a, cap. 5. (N. T.)

(29) Podemos dizer que a impossibilidade de uma pessoa obter alimento suficiente pode dever-se a "insuficiência de poder aquisitivo" [*pull failure*] (por exemplo, decorrente de uma queda na renda por desemprego ou declínio do salário real) ou a "insuficiência de resposta" [*response failure*] (por exemplo, os comerciantes manipulam o mercado de modo que a demanda não seja adequadamente suprida e eles consigam auferir grandes lucros controlando o mercado). Está claro, pela análise smithiana da fome, que ele não contestou a possibilidade de a fome em massa ser gerada por uma "insuficiência de poder aquisitivo"; mas ele por certo rejeitou a plausibilidade da "insuficiência de resposta". Assim, pode-se argumentar que a verdadeira mensagem "smithiana" com respeito às políticas de combate à fome não é a inação, mas a criação de direitos [*entitlements*] de grupos vitimados mediante a geração de renda suplementar, deixando a cargo do mercado responder à demanda resultante das rendas geradas dos grupos que teriam sido vitimados sem essas providências. Essa análise tem influenciado acentuadamente os debates sobre as medidas de política social do presente e aponta em direção a políticas mais orientadas para a produção (não apenas de alimentos mas também de outros bens que poderiam ser trocados por alimentos), em vez do simples auxílio em dinheiro ou gêneros aos necessitados. No que tange ao auxílio direto em dinheiro ou gêneros no curto prazo, essa análise indica ser vantajoso dar mais ênfase ao auxílio em dinheiro no local onde os necessitados normalmente trabalham e residem, em combinação com um aumento da oferta de alimentos no mercado, em vez de o Estado tentar resolver o problema logístico de levar tanto as vítimas como os alimentos para campos de refugiados construídos às pressas. No julgamento dos méritos e deméritos dessas várias alternativas de política social, a análise de Smith permanece importante e destacada. Examinei essas opções de política social (e a relevância da análise econômica de Smith para os debates do presente) em SEN (1986a).

mento da economia moderna. Smith de fato deixou contribuições pioneiras ao analisar a natureza das trocas mutuamente vantajosas e o valor da divisão do trabalho e, como essas contribuições são perfeitamente condizentes com o comportamento humano *sem* bonomia e *sem* ética, as referências a essas partes da obra de Smith têm sido profusas e exuberantes. Outras partes dos escritos de Smith sobre economia e sociedade, que contêm observações sobre a miséria, a necessidade de simpatia e o papel das considerações éticas no comportamento humano, particularmente o uso de normas de conduta, foram relegadas a um relativo esquecimento à medida que essas próprias considerações caíram em desuso na economia.

O apoio que os crentes e defensores do comportamento auto-interessado buscaram em Adam Smith é na verdade difícil de encontrar quando se faz uma leitura mais ampla e menos tendenciosa da obra smithiana. Na verdade, o professor de filosofia moral e economista pioneiro não teve uma vida de impressionante esquizofrenia. De fato, é precisamente o estreitamento, na economia moderna, da ampla visão smithiana dos seres humanos que pode ser apontado como uma das principais deficiências da teoria econômica contemporânea. Esse empobrecimento relaciona-se de perto com o distanciamento entre economia e ética. No terceiro capítulo discorrerei mais profundamente sobre essa questão.

Outra conseqüência grave desse distanciamento é a diminuição do alcance e relevância da própria economia do bem-estar. Esse é o tema do segundo capítulo.

2

JUÍZOS ECONÔMICOS E FILOSOFIA MORAL

A posição da economia do bem-estar na teoria econômica moderna tem sido muito precária. Na economia política clássica não existiam fronteiras definidas entre a análise econômica do bem-estar e outros tipos de investigação econômica. Porém, à medida que aumentou a desconfiança acerca do uso da ética em economia, a economia do bem-estar foi se afigurando cada vez mais dúbia. Confinaram-na em um compartimento arbitrariamente exíguo, separada do restante da economia. O contato com o mundo exterior tem ocorrido principalmente na forma de um relacionamento de mão única, no qual se permite que as conclusões da economia preditiva influenciem a análise da economia do bem-estar, mas não se permite que as idéias da economia do bem-estar influenciem a economia preditiva, pois se considera que a ação humana real tem por base unicamente o auto-interesse, sem impacto algum de considerações éticas ou de juízos provenientes da economia do bem-estar. Por exemplo, idéias sobre a resposta dos trabalhadores a incentivos salariais são introduzidas na análise da economia do bem-estar sobre, digamos, política salarial ou tributação ótima, mas não se admite que idéias da economia do bem-estar afetem o comportamento dos trabalhadores e, com isso, influenciem o próprio problema do incentivo. A economia do bem-estar tem sido uma espécie de equivalente econômico do "buraco negro" — ali as coisas podem entrar, mas de lá nada pode escapar.

COMPARAÇÕES INTERPESSOAIS DE UTILIDADE

As proposições típicas da moderna economia do bem-estar dependem de combinar comportamento auto-interessado, de um lado, e julgar a realização social segundo algum critério fundamentado na utilidade, de outro. De fato, o critério tradicional da economia do bem-estar era o critério utilitarista simples, julgando o êxito segundo a magnitude da *soma total* de utilidade criada — nada mais sendo considerado possuidor de valor intrínseco. Na medida em que a análise ética é levada adiante, não se pode fazer muito com uma interpretação tão restritiva, mas aquele lado da história tornou-se ainda mais restrito quando as comparações interpessoais de utilidade passaram a ser criticadas na década de 1930 por Lionel ROBBINS (1935, 1938).

Por motivos que não estão totalmente claros, as comparações interpessoais de utilidade foram então diagnosticadas como "normativas" ou "éticas".[1] Obviamente, é possível afirmar que comparações interpessoais de utilidade não fazem sentido e, de fato, são totalmente sem sentido — uma posição que julgo difícil defender,[2] mas certamente não tenho dificuldade para

(1) A popularidade dessa concepção talvez remonte à veemente defesa dessa postura por ROBBINS (1935, 1938) em determinadas passagens, como a seguinte: "A teoria da troca *não* supõe que, em qualquer momento, é necessário comparar a satisfação que eu obtenho gastando 6 pence em um pão com a satisfação que o *padeiro* obtém recebendo esse dinheiro. Essa comparação tem uma natureza inteiramente diferente. [...] Ela contém um elemento de valoração convencional. Portanto, é essencialmente normativa" (pp. 138-9). Entretanto, pode-se dizer que Robbins na realidade estava mais preocupado em estabelecer a proposição negativa de que comparações interpessoais não podem ser feitas "cientificamente" do que em defender a asserção positiva de que essas comparações são "normativas" ou "éticas". Sobre a natureza das comparações "normativas" de utilidade (em especial sua dependência com relação a alguma específica "norma" ou concepção do "bem"), ver SEN (1982a, ensaios 12 e 19).

(2) Sobre essa questão, ver HARSANYI (1955), GRAAFF (1957), LITTLE (1957), SUPPES (1966, 1969), VAN PRAAG (1968, 1971, 1978), JEFFREY (1971),

compreender. Se essa posição fosse aceita, a afirmação de que a pessoa A é mais feliz do que a pessoa B seria *nonsense* — tanto em termos *éticos* como *descritivos*. Creio que seja um reflexo do modo como a ética tende a ser vista pelos economistas o fato de afirmações suspeitas de ser "sem sentido" ou "*nonsense*" serem prontamente tachadas de "éticas". A concepção singularmente estreita de "sentido" defendida pelos positivistas lógicos — suficiente para causar desordem na própria filosofia — acarretou o caos total na economia do bem-estar quando foi suplementada por algumas confusões domésticas adicionais prodigamente fornecidas pelos próprios economistas. Os filósofos positivistas podem ter se equivocado ao considerar sem sentido todas as proposições éticas, mas nem mesmo eles haviam sugerido que todas as proposições sem sentido eram éticas!

OTIMALIDADE DE PARETO E EFICIÊNCIA ECONÔMICA

Seja como for, com o desenvolvimento da tendência antiética, quando as comparações interpessoais de utilidade passaram a ser evitadas na economia do bem-estar, o critério sobrevivente foi a otimalidade de Pareto. Considera-se que um determinado estado social atingiu um ótimo de Pareto se e somente se for impossível aumentar a utilidade de uma pessoa sem reduzir a utilidade de alguma outra pessoa. Esse é um tipo muito limitado de êxito e, em si mesmo, pode não garantir grande coisa.

VAN PRAAG & KAPTEYN (1973), HAMMOND (1977), NG (1979), SEN (1979c), HARE (1981), GRIFFIN (1982), SUZUMURA (1983), KANEKO (1984), NOZICK (1985), DAVIDSON (1986), GIBBARD (1986). A comparabilidade interpessoal não precisa assumir uma forma de "tudo ou nada". Várias estruturas e interpretações de comparabilidade interpessoal parcial podem ser encontradas em SEN (1970a, 1970b), BLACKORBY (1975), FINE (1975a), BASU (1979), BEZEMBINDER & VAN ACKER (1986). Ver também LEVI (1974) sobre o problema comparável das "probabilidades indeterminadas".

Um estado pode estar no ótimo de Pareto havendo algumas pessoas na miséria extrema e outras nadando em luxo, desde que os miseráveis não possam melhorar suas condições sem reduzir o luxo dos ricos.[3] A otimalidade de Pareto, como "o espírito de César", pode "vir quente do inferno".*

A otimalidade de Pareto às vezes também é denominada

(3) Entretanto, temos observado em anos recentes um considerável revivescimento do interesse por questões distributivas relacionadas à análise normativa da desigualdade; ver especialmente ATKINSON (1970, 1975, 1983). Ver também FISHER (1956), AIGNER & HEINS (1967), THEIL (1967), KOLM (1969, 1976), BENTZEL (1970), NEWBWRY (1970), TINBERGEN (1970), PEN (1971), SHESHINSKI (1972), DASGUPTA, SEN & STARRET (1973), ROTHSCHILD & STIGLITZ (1973), SEN (1973b, 1976b, 1982a), MUELLBAUER (1974, 1978), BLACKORBY & DONALDSON (1977, 1978, 1984), HAMMOND (1976b, 1977, 1978), MEADE (1976), MEHRAN (1976), PYATT (1976, 1985), BHATTACHARYA & CHATTERJEE (1977), COWELL (1977), GRAAFF (1977), HANSSON (1977), FIELDS & FEI (1978), KERN (1978), ARCHIBALD & DONALDSON (1979), BOURGUIGNON (1979), DUTTA (1980), DEATON & MUELLBAUER (1980), KAKWANI (1980b, 1981, 1986), ROBERTS (1980c), SHORROCKS (1980, 1983, 1984), NYGARD & SANDSTROM (1981), ATKINSON & BOURGUIGNON (1982), BRODER & MORRIS (1982), MOOKHERJEE & SHORROCKS (1982), OSMANI (1982), ANAND (1983), EICHORN & GEHRIG (1983), JORGENSON & SLESNICK (1984a, b), LE GRAND (1984), EBERT (1985), LE BRETON, TRANNOY & URIARTE (1985), SHORROCKS & FOSTER (1985), FOSTER (1986), KANBUR & STROMBERG (1986), MAASOUMI (1986), TEMKIN (1986), entre outras contribuições. Há também obras afins sobre a mensuração da pobreza, atentando especialmente para a avaliação da desigualdade que, *inter alia*, faz parte dessa mensuração; ver SEN (1976a, 1981a, 1982a), ANAND (1977, 1983), TAYLOR (1977), AHLUWALIA (1978), DUTTA (1978), HAMADA & TAKAYAMA (1978), TAKAYAMA (1979), THON (1979), BLACKORBY & DONALDSON (1980), FIELDS (1980), KAKWANI (1980a, b, 1986), CLARK, HEMMING & ULPH (1981), SRINIVASAN (1981), STREETEN (1981a), OSMANI (1982), KUNDU & SMITH (1983), FOSTER, GREER & THORBECKE (1984), CHAKRAVARTY (1983a, b), FOSTER (1984), LIPTON (1985), BIGMAN (1986), DONALDSON & WEYMARK (1986), JORGENSON & SLESNICK (1986), SEIDL (1986), entre outros.

(*) "Caesar's spirit [...] come hot from hell", Shakespeare, *Júlio César*, ato III, cena I, linha 270; Sen está aludindo ao potencial devastador da otimalidade de Pareto, como o do espírito de Júlio César, que, no discurso de Marco Antônio, haveria de retornar do inferno e tumultuar toda a Itália. (N. T.)

"eficiência econômica". Essa expressão é apropriada de um ponto de vista, pois a otimalidade de Pareto concerne exclusivamente à eficiência no espaço das utilidades, deixando de lado as considerações distributivas relativas à utilidade. Porém, em outro aspecto é inadequada, uma vez que todo o enfoque da análise neste caso continua sendo a utilidade, e esse é um legado da tradição utilitarista anterior. Obviamente, é possível introduzir *outras* considerações na avaliação do êxito das pessoas e, portanto, da sociedade (ver, por exemplo, RAWLS, 1971, 1980, 1982). A otimalidade de Pareto capta os aspectos da eficiência apenas do cálculo baseado na utilidade. Precisarei retomar em breve esta questão, mas por ora eu gostaria de prosseguir com a história do estreitamento da economia do bem-estar.[4]

No diminuto compartimento em que a economia do bem-estar ficou confinada, com a otimalidade de Pareto como o único critério de julgamento e o comportamento auto-interessado

(4) Um modo de ampliar a economia paretiana do bem-estar sem introduzir comparações interpessoais é mediante o uso de um "teste de compensação". Já se aventou que a possibilidade de os ganhadores mais do que compensarem os perdedores pode ser vista como uma melhora social (ver KALDOR, 1939, e HICKS, 1939). Esses critérios de melhora social geram inconsistências (sobre este aspecto, ver SCITOVSKI, 1941, SAMUELSON, 1950, GORMAN, 1955). Mas esse é apenas um dos problemas dos critérios de compensação. Outro problema — que se poderia afirmar ser mais básico — relaciona-se à questão de por que a mera *possibilidade* de compensar os perdedores deveria ser adequada para estabelecer uma melhora social mesmo se a compensação não fosse *de fato* paga. Entre os perdedores poderiam incluir-se as pessoas menos favorecidas e mais miseráveis da sociedade, e não é nenhum consolo para eles ouvir que é possível compensá-las plenamente, mas ("Deus do céu!") não há nenhum plano para fazê-lo. Se, por outro lado, os perdedores forem *efetivamente* compensados, o resultado geral — após a compensação — é uma melhora paretiana, portanto não há *necessidade* do teste de compensação como suplemento do princípio de Pareto. Assim, os critérios de compensação ou *não são convincentes* ou *são supérfluos*. O princípio de Pareto não pode ser ampliado para abranger juízos sobre distribuição sem que realmente se façam juízos distributivos comparativos interpessoais (sobre este aspecto, ver LITTLE, 1957, PHELPS, 1973, MEADE, 1976, NG, 1979).

como a única base da escolha econômica, o campo para dizer algo interessante em economia do bem-estar tornou-se reduzidíssimo.[5] Uma importante proposição nesse território exíguo é o chamado "Teorema Fundamental da Economia do Bem-Estar", que relaciona os resultados do equilíbrio de mercado em concorrência perfeita com a otimalidade de Pareto. Esse teorema mostra que, em determinadas condições (especialmente ausência de "externalidades", isto é, de interdependências que sejam externas ao mercado), cada equilíbrio perfeitamente competitivo é um ótimo de Pareto e, com algumas outras condições (especialmente ausência de economias de grande escala), cada estado social Pareto-ótimo é também um equilíbrio perfeitamente competitivo em relação a algum conjunto de preços (e para alguma distribuição inicial das dotações das pessoas).[6] Esse é um resultado notavelmente elegante, que também permite discernir profundamente a natureza do funcionamento do mecanismo de preços, explicando a natureza mutuamente van-

(5) O "teorema da impossibilidade" de ARROW (1951a, 1963) revela, de modo dramático, a tensão gerada pela exclusão do uso de comparações interpessoais de utilidade, ao agregarem-se preferências individuais em escolhas sociais consistentes e completas satisfazendo algumas condições brandas de razoabilidade. Seguindo-se ao pioneiro teorema de Arrow encontramos uma vasta literatura que discute a significância do resultado de Arrow, buscando modos de sair da impossibilidade, estendendo-a e investigando questões afins. Sobre a natureza dos vários problemas pertinentes, ver HANSON (1968), SEN (1980a, 1986e), PATTANAIK (1971, 1978), FISHBURN (1973), BROWN (1976), PLOTT (1976), GOTTINGER & LEINFELLNER (1978), KELLY (1978), POLLAK (1979), BLAIR & POLLACK (1983), CHICHILNISKY & HEAL (1983), MOULIN (1983), PATTANAIK & SALLES (1983), SUZUMURA (1983), DUMMETT (1984), PELEG (1984), HURLEY (1985b), NITZAN & PAROUSH (1985), ELSTER & HYLLAND (1986), SCHWARTZ (1986), entre outros.

(6) Ver ARROW (1951b), DEBREU (1959) e MCKENZIE (1959). Ver também MALINVAUD (1961). Uma excelente exposição geral pode ser encontrada em ARROW & HAHN (1971). Para comprovação desse resultado e de outros afins, em várias vertentes da economia do bem-estar, ver NG (1979) e BOADWAY & BRUCE (1984).

tajosa da troca, produção e consumo regidos pelo auto-interesse. Um aspecto significativo das relações econômicas via mecanismo de mercado foi esclarecido por esse resultado e outros afins.

Apesar de sua importância geral, o conteúdo ético desse resultado da economia do bem-estar é bem modesto. O critério da otimalidade de Pareto é um modo extremamente limitado de avaliar a realização social, e assim a parte do resultado que afirma que um equilíbrio perfeitamente competitivo, nas condições especificadas, deve ser um ótimo de Pareto é correspondentemente limitada. A proposição inversa, ou seja, de que todo estado social definido como ótimo de Pareto é um equilíbrio perfeitamente competitivo para uma dada distribuição inicial de dotações, é mais atrativa, pois se considerou razoável supor que o melhor de todos os estados teria de ser *no mínimo* Pareto-ótimo, de modo que também o melhor dos estados seria obtenível por meio do mecanismo competitivo. Vários procedimentos para suplementar o princípio de Pareto mediante avaliações de distribuição foram considerados (ver, por exemplo, FISHER, 1956; LITTLE, 1957; FISHER & ROTHENBERG, 1961; KOLM, 1969; PHELPS, 1973, 1977; MEADE, 1976; SEN, 1976b, 1979c; HAMMOND, 1978; NG, 1979; ROBERTS, 1980b; ATKINSON & BOURGUIGNON, 1982; OSMANI, 1982; ATKINSON, 1983; JORGENSON & SLESNICK, 1984a, 1984b; YAARI & BAR-HILLEL, 1984; MAASOUMI, 1986).[7]

(7) Uma abordagem interessante e importante da suplementação da otimalidade de Pareto mediante juízos distributivos emprega o critério de "eqüidade" [*fairness*], no qual se requer que ninguém inveje o pacote de bens que outra pessoa desfruta. Há uma vasta literatura que emprega essa abordagem (ver FOLEY, 1967; SCHMEIDLER & VIND, 1972; FELDMAN & KIRMAN, 1974; PAZNER & SCHMEIDLER, 1974; VARIAN, 1974, 1975; SVENSSON, 1977, 1985; FELDMAN, 1980; SUZUMURA, 1983, entre outras contribuições). Cabe notar que a ausência de inveja pode coexistir com grandes desigualdades de bem-estar, uma vez que as comparações são "circunstanciais" [*situational*], e não "abrangentes" [*comprehensive*], pois as variações interpessoais das funções

Contudo, parte da dificuldade[8] para aplicar esse resultado à ação pública origina-se do fato de as informações requeridas para calcular a distribuição inicial necessária de dotações serem rigorosas e muito difíceis de obter, e os indivíduos podem não ter incentivo para revelá-las. Embora o próprio mecanismo de mercado competitivo assegure uma economia de informações no que concerne aos *agentes individuais* (dada a distribuição inicial), os requisitos de informações para as decisões *públicas* relativas às propriedades iniciais não podem ser obtidos com facilidade por meio de nenhum mecanismo simples.[9]

---

de bem-estar não são levadas em consideração. Se $W_1(x)$ e $W_2(x)$ são as funções de bem-estar respectivamente das pessoas 1 e 2, e $W_1(x_2) > W_1(x_1) > W_2(x_2) > W_2(x_1)$, quando x_1 e x_2 são os pacotes de bens respectivamente usufruídos pelas pessoas 1 e 2, então é a pessoa 1 que inveja o pacote da pessoa 2, enquanto a pessoa 2 não sente inveja, muito embora seja a pessoa 2 que está claramente pior em termos de bem-estar. Ademais, se tivermos $W_1(x_1) > W_1(x_2) > W_2(x_2) > W_2(x_1)$, então a condição de ausência de inveja será totalmente satisfeita para ambos os lados, muito embora a pessoa 2 esteja claramente pior do que a pessoa 1. Como os infortúnios econômicos são freqüentemente associados a variações nas funções de bem-estar devido a fatores como incapacidade, doença, idade, discriminação social etc., há muita margem para duvidar da eqüidade do critério de eqüidade.

(8) Um problema mais óbvio refere-se à natureza rigorosa das suposições necessárias para que a relação tenha validade, como por exemplo ausência de externalidades e de retornos crescentes de escala (exceto de tipos particularmente limitados). A natureza restritiva do formato tradicional da alocação de recursos foi salientada com especial clareza em anos recentes pelo maior reconhecimento da importância de considerações sobre o meio ambiente e recursos naturais (ver BOHM & KNEESE, 1971; MÄLER, 1974; DASGUPTA & HEAL, 1979; DASGUPTA, 1982a).

(9) Recentemente, o "Teorema Fundamental da Economia do Bem-Estar" foi ampliado para abranger também os bens públicos, ou seja, os bens para os quais o consumo de uma pessoa não reduz o consumo de outra (por exemplo, o uso de um parque público não lotado); ver GREEN & LAFFONT (1979), GROVES & LEDYARD (1977) e DASGUPTA, HAMMOND & MASKIN (1979). Essa é uma realização notável, mas é preciso reconhecer que essa classe de resultados encerra problemas muito semelhantes aos resultados originais sobre eficiência relativos às informações necessárias para as decisões públicas

Dado o comportamento auto-interessado, o mecanismo de mercado fornece bons incentivos para cada agente escolher apropriadamente, *dadas* as suas dotações iniciais, porém não existe um mecanismo comparável pelo qual as pessoas têm incentivo para revelar as informações com base nas quais a escolha *entre* estados Pareto-ótimos pudesse ser feita e a distribuição inicial apropriada pudesse ser fixada. Os mecanismos usuais de alocação de recursos descentralizados também não têm utilidade na obtenção das informações de base, pois atuam fundamentados no "trabalho de equipe" por parte dos diferentes agentes envolvidos, enquanto as decisões distributivas encerram conflitos entre um agente e outro. Assim, pouco se pode avançar em termos de ação efetiva com base na segunda parte do "teorema fundamental".

Existe ainda o problema de que, mesmo se essas informações estivessem disponíveis, a segunda parte do "teorema fundamental" seria usada apenas se fosse politicamente possível redistribuir recursos entre as pessoas de qualquer maneira que fosse exigida por considerações de otimalidade social. Mesmo se as requeridas transferências agregadas [*lump-sum transfers*] fossem identificáveis e também economicamente exeqüíveis, as questões de viabilidade política podem ser, obviamente, de extrema importância ao lidar com questões tão fundamentais quanto mudanças radicais de propriedade. Muito embora a invocação da segunda parte do "teorema fundamental" possa com freqüência provir de fontes acentuadamente conservadoras que defendem o mecanismo de mercado, tal resultado pode ter utilidade real apenas como parte de algum "manual revolucionário", transformando a propriedade dos meios de produção antes de deixar que o mercado faça o resto. Não sendo possíveis re-

---

quanto à escolha da distribuição inicial apropriada de dotações. Sobre questões afins, ver GIBBARD (1973), SATTERTHWAITE (1975), PATTANAIK (1978), SCHMEIDLER & SONNENSCHEIN (1978), LAFFONT (1979), MOULIN (1983), PELEG (1984).

distribuições radicais de propriedade, os movimentos em direção à otimalidade social global exigiriam mecanismos mistos de um tipo não abrangido pelo "teorema fundamental".

UTILIDADE, OTIMALIDADE DE PARETO E "WELFARISMO"

Há outro aspecto no qual o significado do "teorema fundamental" requer esclarecimento. A idéia de que a otimalidade social global precisa *inter alia* requerer a otimalidade de Pareto baseia-se na concepção de que, se uma mudança for vantajosa para cada pessoa, tem de ser uma mudança proveitosa para a sociedade. Essa concepção deve ser correta em certo sentido, mas identificar vantagem com utilidade nada tem de óbvio. E se, em contraste, fosse aceita alguma interpretação de vantagem que não a da utilidade, então a otimalidade de Pareto — definida, como ela é, em termos de utilidades individuais — perderia seu status de ser até mesmo uma condição *necessária*, se não suficiente, para a otimalidade social global.

A imensa importância da otimalidade de Pareto na economia do bem-estar, como já foi discutido, relaciona-se estreitamente com a posição consagrada do utilitarismo na economia do bem-estar tradicional (antes de ter sido questionada a possibilidade das comparações interpessoais de utilidade). Se fossem postas de lado as comparações interpessoais de utilidade mas ainda assim a utilidade fosse considerada a única coisa de valor intrínseco, a otimalidade de Pareto seria o critério sobrevivente natural, pois leva o mais longe possível a lógica utilitarista sem realmente fazer comparações interpessoais de utilidade. De fato, pode-se demonstrar facilmente que o critério utilitarista, quando combinado a utilidades inteiramente não comparáveis, produzirá uma ordenação parcial [*partial ordering*] de *rankings* sociais [*social rankings*] inequívocos, e essa ordenação parcial coincidirá exatamente com o *ranking* social obtido pelo critério de Pareto.[10]

O utilitarismo como princípio moral pode ser considerado uma combinação de três requisitos mais elementares:

1. "*welfarismo*" [*welfarism*], requerendo que a bondade de um estado de coisas seja função apenas das informações sobre utilidade relativas a esse estado.
2. "*ranking pela soma*" [*sum-ranking*], requerendo que as informações sobre utilidade relativas a qualquer estado sejam avaliadas considerando apenas o somatório de todas as utilidades desse estado.
3. "*conseqüencialismo*" [*consequentialism*], requerendo que toda escolha — de ações, instituições, motivações, regras etc. — seja em última análise determinada pela bondade dos estados de coisas decorrentes.

Pode-se considerar que, sozinho, o critério de Pareto capta um aspecto específico do "welfarismo": um *ranking* unânime das utilidades individuais tem de ser adequado para o *ranking* social global dos respectivos estados.[11] Na realidade, nas políticas econômicas o uso do critério de Pareto extrapola o "welfarismo" e abrange também o "conseqüencialismo", pois se requer que todas as escolhas de ações, instituições etc. satisfaçam a otimalidade de Pareto e, portanto, o "conseqüencialismo" é exigido de um modo implícito, porém inequivocamente.

(10) Essas proposições e outras afins podem ser encontradas em SEN (1970a), capítulo 7. Ver também BLACKORBY & DONALDSON (1977) e WITTMAN (1984).

(11) De fato, pode-se efetivamente derivar o "welfarismo" do princípio de Pareto e de uma combinação da condição de independência e domínio irrestrito de Arrow, aplicada a uma estrutura com ou sem comparações interpessoais de utilidade (ver GUHA, 1972; BLAU, 1976; D'ASPREMONT & GEVERS, 1977; DESCHAMPS & GEVERS, 1978; SEN, 1977b, 1979a; GEVERS, 1979; ROBERTS, 1980a; D'ASPREMONT, 1985).

Deixarei de lado por ora a questão do status da otimalidade de Pareto para tratar de alguns aspectos gerais concernentes à aceitabilidade do "welfarismo".[12] "Welfarismo" é a concepção de que as únicas coisas de valor intrínseco para o cálculo ético e a avaliação dos estados são as utilidades individuais.[13]

BEM-ESTAR E CONDIÇÃO DE AGENTE

É útil distinguir entre duas críticas que se podem fazer ao "welfarismo" e especialmente à prática de considerar a utilidade a única fonte de valor. Primeiro, pode-se argumentar que a utilidade, na melhor das hipóteses, é um reflexo do bem-estar [*well-being*] de uma pessoa, mas o êxito da pessoa não pode ser julgado exclusivamente em termos de seu bem-estar (mes-

(12) Sobre esse tema, ver também SEN (1970a, 1979b), WILLIAMS (1973a, 1981), SCANLON (1975, 1983), BROOME (1978), DWORKIN (1978, 1981), SLOTE (1983, 1985), PARFIT (1984), GAUTHIER (1986), entre outras críticas.

(13) Obviamente, podem-se definir as utilidades de muitos modos (ver RAMSEY, 1931; PIGOU, 1952; HARSANYI, 1955; GOSLING, 1969; STARR, 1973; HARE, 1981; GRIFFIN, 1982, 1986; HAMMOND, 1982; MIRRLEES, 1982). A riqueza da perspectiva utilitarista relaciona-se a essa versatilidade. Entretanto, alguns defensores do cálculo baseado na utilidade parecem ter sido tentados a redefinir o termo "utilidade" de modo a abranger qualquer coisa que desejemos valorizar. Como defesa do cálculo ético baseado na utilidade isso é tautológico e pouco acrescenta ao debate. Porém, "utilidade" pode ser empregado como um termo mais curto e menos preciso para designar o bem-estar [*well-being*] sem grande comprometimento especificamente com a métrica da felicidade ou a satisfação de desejos (ver, por exemplo, HAMMOND, 1982). É nessa forma genérica que o termo tem sido empregado em derivações axiomáticas de várias regras baseadas no bem-estar em uma estrutura de "funcionais de bem-estar social" [*social welfare functionals*] (ver, por exemplo, SEN, 1970a, 1977b; HAMMOND, 1976a; STRASNICK, 1976; ARROW, 1977; D'ASPREMONT & GEVERS, 1977; DESCHAMPS & GEVERS, 1978; MASKIN, 1978; GEVERS, 1979; ROBERTS, 1980a; MYERSON, 1983; BLACKORBY, DONALDSON & WEYMARK, 1984; D'ASPREMONT, 1985).

mo se o êxito social for julgado inteiramente segundo os êxitos individuais componentes). Uma pessoa pode dar valor à promoção de determinadas causas e à ocorrência de certos eventos mesmo que a importância atribuída a esses fatos não se relacione com uma melhora em seu próprio bem-estar. Segundo, pode-se contestar a idéia de que a utilidade e não alguma outra condição é o que melhor representa o bem-estar pessoal. Tratarei a seguir da primeira dessas críticas.

Procurei demonstrar em outro trabalho (SEN, 1985a) que existe uma "dualidade" essencial e irredutível na concepção de uma pessoa no cálculo ético. Podemos ver a pessoa em termos de sua condição de agente [*agency*], reconhecendo e respeitando sua capacidade para estabelecer objetivos, comprometimentos [*commitments*], valores etc., e também podemos ver essa pessoa em termos de bem-estar [*well-being*], o que igualmente requer atenção. Essa dicotomia perde-se em um modelo em que a motivação é baseada apenas no auto-interesse, no qual a condição de agente da pessoa tem de ser inteiramente voltada para seu próprio bem-estar. Mas assim que removemos a camisa-de-força do auto-interesse, torna-se possível reconhecer o fato inquestionável de que a condição de agente de uma pessoa pode muito bem orientar-se para considerações que não são abrangidas — ou pelo menos não são *totalmente* abrangidas — por seu próprio bem-estar.

VALORAÇÃO E VALOR

Pode-se indagar se dar importância à condição de agente de cada pessoa não equivaleria a adotar uma concepção "subjetivista" da ética, já que tudo o que uma pessoa valoriza e deseja obter pode ter de ser, assim, considerado valioso precisamente porque a pessoa o valoriza. Porém, de fato, a controvertida questão da objetividade (a esse respeito, ver, entre outras contribuições, SCANLON, 1975; MACKIE, 1978; NAGEL, 1980, 1986; MCDOWELL, 1981, 1985; HURLEY, 1985a, 1985b; SEN, 1985a, 1986f; WIGGINS, 1985; WILLIAMS, 1985) não fica excluída por considerar-se importante a condição de agente.

Isso acontece por dois motivos. Primeiro, atribuir importância ao aspecto da condição de agente de cada pessoa não implica aceitar tudo o que a pessoa preza como sendo valioso (1) incondicionalmente e (2) tão intensamente quanto isso é valorizado pela pessoa. Respeitar o aspecto da condição de agente indica a adequação de ir além do bem-estar da pessoa, chegando a suas valorações, comprometimentos etc., mas a necessidade de avaliar essas valorações, comprometimentos etc. não é eliminada pela mera aceitação dessa adequação. Pode-se dar importância à condição de agente (não só instrumentalmente para a busca do bem-estar, mas também intrinsecamente), mas isso ainda deixa em aberto a questão de como essa condição de agente deve ser avaliada e aquilatada. Procurei mostrar em outro trabalho (SEN, 1985a) que, embora "o uso da condição de agente de uma pessoa seja, em um sentido importante, uma questão a ser julgada pela própria pessoa", "a necessidade de uma cuidadosa avaliação dos objetivos, aspirações, lealdades etc. e da concepção de bem pode ser importante e rigorosa" (p. 203). A questão da objetividade relaciona-se à interpretação dessa "cuidadosa avaliação" — do *tipo* de procedimento que se julga ter sido empregado.

Segundo, ocorre também que uma metavisão objetivista da ética pode coexistir com uma ética substantiva que inclui entre os objetos valiosos a capacidade da pessoa para obter o que ela de fato valoriza. Obter (ou ser capaz de obter) o que se valoriza não difere, nesse aspecto, de outras coisas que possam ser valorizadas, como por exemplo a felicidade, o bem-estar, a liberdade e, assim, pode figurar em uma função de valoração objetivista exatamente como esses outros objetos podem nela figurar. A questão da fundamentação precisa ser distinguida da natureza dos objetos que são valorizados. Mesmo uma teoria objetivamente fundamentada pode atribuir um papel importante às coisas a que as pessoas de fato dão valor e à capacidade dessas pessoas para obter essas coisas.[14]

CONDIÇÃO DE AGENTE E BEM-ESTAR: DISTINÇÃO E INTERDEPENDÊNCIA

Reconhecer a distinção entre o "aspecto da condição de agente" [*agency aspect*] e o "aspecto do bem-estar" [*well-being aspect*] de uma pessoa não requer que consideremos que o êxito de uma pessoa como agente deve ser independente, ou totalmente separável, de seu êxito em termos de bem-estar. Uma pessoa pode muito bem sentir-se mais feliz e próspera em conseqüência de ter obtido o que desejava obter — talvez para sua família, sua comunidade, classe, partido, ou alguma outra causa. Além disso, é bem possível que o bem-estar da pessoa diminua como resultado de frustração caso ela não consiga obter o que desejava obter como agente, muito embora essas realizações não estejam diretamente relacionadas a seu bem-estar. Não existe realmente nenhuma base sólida para requerer que o aspecto da condição de agente e o aspecto do bem-estar de uma pessoa sejam independentes um do outro e, suponho, é possível até mesmo que cada mudança em um dos dois venha a afetar o outro também. Contudo, a questão em pauta não é a plausibilidade da *interdependência* dos dois aspectos, e sim a sustentabilidade e relevância da *distinção*. O fato de duas variáveis poderem ser tão relacionadas que uma não pode mudar sem a outra não implica que elas sejam a mesma variável ou que terão os mesmos valores, ou ainda que o valor de uma possa ser obtido a partir da outra por meio de alguma transformação simples.

(14) Examinei essa questão mais a fundo na introdução da versão em livro de minhas Conferências Dewey (e outros ensaios), *Well-being, agency and freedom*, a ser publicada por Blackwell e Columbia University Press.

A importância de uma realização da condição de agente não reside inteiramente no aumento de bem-estar que ela pode trazer indiretamente. Por exemplo, se uma pessoa lutar arduamente pela independência de seu país e quando essa independência for alcançada a pessoa ficar mais feliz, a principal realização é a independência, da qual a felicidade por essa realização é apenas uma conseqüência. Não é anormal ficar feliz com essa realização, mas ela não consiste apenas nessa felicidade. Portanto, é plausível afirmar que a realização da condição de agente [*agency achievement*] e a realização do bem-estar [*well-being achievement*], ambas possuidoras de uma importância distinta, podem ligar-se de modo causal uma à outra, porém esse fato não compromete a importância específica de cada uma. Na medida em que o cálculo "welfarista" baseado na utilidade concentra-se apenas no bem-estar da pessoa,[15] deixando de lado o aspecto da condição de agente, ou de fato deixa inteiramente

(15) Embora tipicamente a utilidade seja interpretada em termos de bem-estar, é possível argumentar que ela pode ser mais bem concebida como refletindo a condição de agente de uma pessoa. Esse argumento é particularmente difícil para a interpretação da utilidade como "felicidade" ou "prazer-dor" e também não é fácil para a interpretação da utilidade como "satisfação de desejo". Mas a interpretação como "escolha" pode prestar-se mais imediatamente a ser considerada representativa do exercício da condição de agente, não necessariamente relacionada a bem-estar. Essa não é, obviamente, a maneira como a interpretação da utilidade como escolha é vista tradicionalmente (por exemplo, na teoria da "preferência revelada"). De fato, a escolha é considerada importante na perspectiva utilitarista típica devido precisamente a sua alegada congruência com o bem-estar. Mas, afastando-se da visão tradicional, é possível argumentar que a interpretação como escolha pode tornar o cálculo baseado na utilidade mais associado à condição de agente do que ao bem-estar, e a "utilidade" (assim interpretada) pode, dessa forma, ser avaliada com base na importância da condição de agente. Contudo, como os aspectos da condição de agente requerem uma avaliação cuidadosa dos valores e valorações, a fórmula que considera qualquer escolha um reflexo do valor atribuído à condição de agente é patentemente inadequada. Ademais, a importância da condição de agente pode não ser inteiramente possível de

de distinguir entre o aspecto da condição de agente e o aspecto do bem-estar, perde-se algo realmente importante.

UTILIDADE E BEM-ESTAR

A segunda dificuldade do "welfarismo" origina-se da interpretação específica de bem-estar dada pela utilidade. Julgar o bem-estar de uma pessoa exclusivamente pela métrica da felicidade ou satisfação de desejos tem algumas limitações óbvias. Essas limitações são particularmente prejudiciais no contexto das comparações interpessoais de bem-estar, pois o grau de felicidade reflete o quc uma pessoa pode esperar e como o "trato" social se afigura em comparação com essa expectativa. Uma pessoa que teve uma vida de infortúnios, com pouquíssimas oportunidades e quase sem esperança, pode conformar-se mais facilmente com as privações do que outras que foram criadas em circunstâncias mais afortunadas e abastadas. A métrica da felicidade pode, portanto, distorcer o grau de privação, de um modo específico e tendencioso. O mendigo desesperançado, o trabalhador agrícola sem-terra, a dona de casa submissa, o de-

captar em termos da promoção dos objetivos da pessoa e pode requerer um formato que não seja tão toscamente "maximizador" quanto a representação numérica de uma função de escolha tem de ser (sobre esse aspecto, ver SEN, 1982b, 1983c, e também a Conferência 3). Não obstante, essa perspectiva pode servir de base para uma interpretação diferente do cálculo ético fundamentado na utilidade. Evidentemente, na medida em que a utilidade representar a condição de agente, não pode ao mesmo tempo refletir o bem-estar e, assim, é impossível pautar-se em um cálculo baseado na utilidade — como quer que esta seja interpretada — para captar a base dual do bem-estar e da condição de agente na ética substantiva. A dualidade entre realização e liberdade também não pode ser captada na estrutura "monista" do cálculo baseado na utilidade. O conteúdo informacional [*informational*] de um valor numérico de utilidade — independentemente de como ele é traduzido — é obviamente muito limitado.

sempregado calejado ou o esgotado cule podem, todos, sentir prazer com pequeninos deleites e conseguir suprimir o sofrimento intenso diante da necessidade de continuar a sobreviver, mas seria eticamente um grande erro atribuir um valor correspondentemente pequeno à perda de bem-estar dessas pessoas em razão de sua estratégia de sobrevivência. O mesmo problema surge com a outra interpretação de utilidade, ou seja, a da satisfação de desejos, pois as pessoas desesperadamente carentes não têm coragem de aspirar a muita coisa, e suas privações são abafadas e anestesiadas na escala da satisfação de desejos.

Esse problema específico da influência de circunstâncias contingentes sobre a métrica da utilidade é apenas um reflexo de um problema mais básico: a insuficiente profundidade do critério de felicidade ou satisfação de desejos ao julgar-se o bem-estar da pessoa. Esse bem-estar, em última análise, é uma questão de valoração e, embora a felicidade e a satisfação de desejos possam ser valiosas para o bem-estar da pessoa, não podem — sozinhas ou até mesmo juntas — refletir adequadamente o valor do bem-estar.[16] "Estar feliz" nem ao menos é uma atividade valorativa, e "desejar" é, na melhor das hipóteses, uma conseqüência de valoração. A necessidade de valorar para avaliar o bem-estar requer uma aprovação mais direta.

(16) Discuti essas questões em SEN (1980, 1985a), onde também investiguei uma concepção alternativa de bem-estar na forma da capacidade de obter funcionamentos [*functionings*] valiosos. Essa abordagem, que desenvolve idéias examinadas anteriormente por SMITH (1776, 1790) e MARX (1844, 1875, 1883), e antes ainda por Aristóteles (sobre este último, ver NUSSBAUM, 1986c), encerra vários problemas de mensuração e ponderação, que são difíceis mas não insolúveis (ver SEN, 1985b). Esse modo de conceber o bem-estar tem implicações significativas não só para a economia do bem-estar mas também para a avaliação de padrões de vida, pobreza, desigualdade, divisões sexuais e justiça social (ver SEN, 1980a, 1982a, 1983d, 1984a, 1984b, 1985b, 1985c, 1985f, 1986e; ver também SEN et al., 1987, com discussões de Keith Hart, Geoffrey Hawthorn, Ravi Kanbur, John Muellbauer e Bernard Williams).

Portanto, pode-se dizer que, como a afirmação de que a utilidade é a única fonte de valor fundamenta-se alegadamente na identificação de utilidade com o bem-estar da pessoa, ela pode ser criticada porque:

1. o bem-estar não é a única coisa valiosa;
2. a utilidade não representa adequadamente o bem-estar.

Na medida em que estamos preocupados com as realizações da pessoa, ao fazer o juízo ético, a realização de utilidade pode muito bem ser parcial, inadequada e desorientadora.[17]

REALIZAÇÕES, LIBERDADE E DIREITOS

Há ainda a questão — em certo sentido, mais básica — de se é ou não melhor conceber a vantagem de uma pessoa em termos do que ela realiza. Essa questão surge quando se avaliam tanto o bem-estar como a condição de agente. Pode-se dizer que a vantagem pode ser mais bem representada pela liberdade que a pessoa tem, e não (pelo menos, não inteiramente) pelo que a pessoa realiza — em termos de bem-estar ou de sua condição de agente — com base nessa liberdade. Esse tipo de consi-

(17) Não considerei explicitamente aqui a interpretação de utilidade em termos de escolha. Essa abordagem é difícil de usar no que respeita às comparações interpessoais de utilidade, pois uma pessoa não se vê realmente diante da escolha de tornar-se outra pessoa. É possível ampliar a estrutura da escolha para comparações interpessoais (como habilmente fizeram VICKREY, 1945, e HARSANYI, 1955), apresentando escolhas hipotéticas entre tornar-se uma pessoa ou outra. Mas a compreensibilidade e relevância dessas escolhas extremamente contrárias aos fatos não estão nem um pouco claras. Ademais, como a interpretação de escolha deve ao menos em parte depender da motivação que norteia essa escolha, não está claro que exista uma tradução imediata e fácil de escolha — independentemente da motivação subjacente — para bem-estar. Ver também a nota de rodapé 15, p. 60.

deração nos conduzirá em direção aos direitos, liberdades e oportunidades reais. Se na ponderação ética as vantagens da pessoa forem julgadas — pelo menos parcialmente — com base em considerações ligadas à liberdade, então não meramente o utilitarismo e o "welfarismo", mas também várias outras abordagens que se concentram exclusivamente na realização, terão de ser rejeitados.[18]

Na literatura ética, as teorias morais fundamentadas em direitos são bem antigas; de fato, utilitaristas como Jeremy Bentham muito se empenharam em rejeitá-las, depreciando as várias doutrinas como "simples bobagem", "alarido no papel" e "disparate retórico, retórica em pernas de pau".[19] Entretanto,

(18) Modos diferentes de avaliar a vantagem de uma pessoa também afetam a natureza de nossa avaliação da desigualdade e injustiça. Vários autores (como WEALE, 1978; RAE, 1981; FISHKIN, 1983; WALZER, 1983) defenderam de modo veemente concepções múltiplas de igualdade. Esse é um aspecto muito digno de nota. Por outro lado, a fonte da pluralidade da igualdade com freqüência não reside na natureza da própria igualdade, mas no conceito de vantagem de uma pessoa. Se as vantagens forem vistas de formas diferentes, também deve ser vista de forma diferente a avaliação da igualdade. A mesma pluralidade se aplicaria a outros conceitos "derivados" que se fundamentam — de modo exclusivo ou inclusivo — na concepção de vantagem. De fato, nesse aspecto o conceito de "eficiência" é tão sujeito a múltiplas interpretações quanto o de igualdade, pois a inexistência de outro estado exeqüível mais vantajoso para todos depende totalmente do conceito escolhido de vantagem. Quando, por exemplo, se iguala vantagem a utilidade, a eficiência coincide com a otimalidade de Pareto. Alterando-se a concepção de vantagem, altera-se a essência da eficiência tanto quanto a essência da igualdade. Obviamente, a concepção de vantagem não precisa assumir uma forma escalar; ela pode ser concebida como um vetor ou um conjunto de elementos e pode incluir uma "pluralidade constitutiva" tanto quanto interpretações competitivamente múltiplas. Essas questões são examinadas em SEN (1980, 1985a, 1985b).

(19) Para a discussão de Bentham sobre moral e direitos naturais, ver HARRISON (1983, capítulo IV). MARX (1843) menosprezou tanto quanto Bentham "os chamados direitos do homem", porém ao mesmo tempo ressaltou a importância da perspectiva da liberdade positiva em geral (MARX, 1844, 1875; MARX & ENGELS, 1845-46). Parte do contraste reside na ênfase dada por

não foi tão fácil livrar-se das teorias baseadas em direitos e, apesar do longo predomínio do utilitarismo na ética, elas foram vigorosamente revividas, de diferentes modos, por autores como KANGER (1957, 1985), RAWLS (1971), NOZICK (1974), DWORKIN (1978), MACKIE (1978), entre outros.[20]

Em economia recorre-se com freqüência ao conceito de direitos e, de fato, os conceitos econômicos básicos de dotação, troca, contrato etc. encerram, todos, vários tipos de direitos. Porém, na tradição utilitarista, esses direitos foram vistos como sendo inteiramente instrumentais para a obtenção de outros bens, em particular utilidades. Não se atribui nenhuma importância intrínseca à existência ou fruição de direitos, e estes têm sido avaliados segundo sua capacidade de obter boas conseqüências, entre as quais não figura o gozo de direitos.

Essa tradição específica foi levada para a fase *pós*-utilitarista da economia do bem-estar, concentrada na otimalidade de Pareto e na eficiência. Isso não surpreende, pois a rejeição à atribuição de importância intrínseca aos direitos provém do "welfarismo" em geral e não do utilitarismo *per se* (isto é, a característica específica do *ranking* pela soma [*sum-ranking*] não é particularmente crucial na rejeição do cálculo ético baseado nos direitos). É justo dizer que a concepção de que os direitos não podem ser intrinsecamente importantes está razoavelmente arraigada na tradição econômica hoje estabelecida, e isso se

---

Marx ao papel do estado político na criação e sustentação do que freqüentemente se consideram "direitos humanos fundamentais". Por outro lado, a própria filosofia moral de Marx incorporou intensamente o que se denominou "ética da liberdade" (BRENKERT, 1983). Para diferentes aspectos da complexa abordagem de Marx sobre os direitos e a liberdade, ver BOSE (1975), COHEN (1978), BUCHANAN (1982), ROEMER (1982), LUKES (1985), ELSTER (1986).

(20) WALDRON (1984) fornece uma proveitosa coletânea de artigos sobre o tema, juntamente com uma introdução esclarecedora. Ver também FEINBERG (1980) e GAUTHIER (1986). Sobre assuntos afins, ver ATKINSON (1975, 1983), ARCHIBALD & DONALDSON (1979), PETTIT (1980), DASGUPTA (1982b, 1986) e WIGGINS (1985).

deve em parte à influência do utilitarismo (e especificamente do "welfarismo", como parte desse pacote), mas também à falta de interesse que a economia do bem-estar tem demonstrado por qualquer tipo de teoria ética complexa.

A concentração no que se denominou, no primeiro capítulo, o aspecto da "engenharia" na economia tendeu a andar lado a lado com a adoção de uma visão muito restrita da ética. Pode-se dizer que o critério utilitarista e também o da eficiência de Pareto foram atrativos especialmente por não exigirem demais da imaginação ética do economista convencional.[21] Embora um economista questionador como John HICKS (1959) possa afirmar que a defesa clássica da "liberdade econômica" foi além de justificá-la com base na "eficiência econômica", que fornecia "não mais do que um apoio secundário" à liberdade, e ainda que Hicks certamente seja convincente ao questionar a justificativa por "esquecermos, tão completamente quanto a maioria de nós esqueceu, o outro lado do argumento" (p. 138), declarações desse teor raramente foram feitas, e ainda mais raramente levadas avante.[22] Não se pode duvidar de que a questão dos direitos e da liberdade crava um importante ponto de interrogação na abordagem geral do "welfarismo" (incluindo, *inter alia*, o

(21) De fato, a corrente dominante da economia tende a desconsiderar até mesmo as versões mais complexas e refinadas do próprio utilitarismo, como por exemplo as que encerram "relações indiretas" (ver, por exemplo, SIDGWICK, 1874; HARE, 1981; HAMMOND, 1982; HARSANYI, 1982; MIRRLEES, 1982; RAZ, 1986), concentrando-se nas versões mais simples (mais "diretas").

(22) Entretanto, a perspectiva da liberdade e dos direitos recebeu atenção de teóricos influenciados por visões libertárias, como por exemplo HAYEK (1960), NOZICK (1974), FRIEDMAN & FRIEDMAN (1980) e BUCHANAN (1985, 1986); ver também BUCHANAN & TULLOCK (1962), USHER (1981), BRITTAN (1983), SUGDEN (1985). Embora a abordagem libertária da liberdade e dos direitos seja, a meu ver, arbitrariamente limitada (como demonstrei em SEN, 1983a, 1985c), não se pode negar que os escritos libertários e contribuições afins foram uma substancial influência criativa na economia e um desafio importante à ortodoxia utilitarista. Outro grupo dedicado a reviver o interesse pelo papel dos direitos e da liberdade compõe-se de autores que contribuem

utilitarismo e a otimalidade de Pareto).[23] Essa questão será, de fato, examinada com certa profundidade no terceiro capítulo.

AUTO-INTERESSE E ECONOMIA DO BEM-ESTAR

Neste capítulo, concentrei-me até agora no empobrecimento da economia do bem-estar como conseqüência do crescente distanciamento entre ética e economia e particularmente da inadequação dos critérios avaliatórios empregados em economia, em especial na moderna economia do bem-estar. Mas iniciei este capítulo referindo-me à assimetria direcional que foi arbitrariamente imposta entre a economia preditiva e a economia do bem-estar, com a primeira sendo levada em conta na segunda, porém sem nenhuma influência vinda da direção oposta. Se, contudo, o comportamento real dos seres humanos

---

para a teoria da escolha social, por exemplo, SEN (1970a, 1970c, 1976c, 1983a), NG (1971), BATRA & PATTANAIK (1972), PEACOCK & ROWLEY (1972), NOZICK (1973, 1974), BERNHOLZ (1974, 1980), GIBBARD (1974), BLAU (1975), FINE (1975b), SEIDL (1975), CAMPBELL (1976), FARRELL (1976), KELLY (1976a, 1976b, 1978), ALDRICH (1977), BREYER (1977), PERELLI-MINETH (1977), FEREJOHN (1978), KARNI (1978), STEVENS & FOSTER (1978), SUZUMURA (1978, 1980, 1983), AUSTEN-SMITH (1979, 1982), MUELLER (1979), BARNES (1980), BREYER & GARDNER (1980), BREYER & GIGLIOTTI (1980), FOUNTAIN (1980), GARDNER (1980), GREEN (1980), McLEAN (1980), WEALE (1980), GAERTNER & KRÜGER (1981, 1983), GÄRDENFORS (1981), HAMMOND (1981, 1982, 1985), SCHWARTZ (1981, 1986), SUGDEN (1981, 1985), LEVI (1982, 1985), WRIGLESWORTH (1982, 1985), CHAPMAN (1983), KRÜGER & GAERTNER (1983), BASU (1984), GAERTNER (1985, 1986), KELSEY (1985), SCHOTTER (1985), BARRY (1986), ELSTER (1986), HYLLAND (1986), MACKIE (1986), WEBSTER (1986). WRIGLESWORTH (1985) forneceu um guia esclarecedor da literatura, além de dar suas próprias contribuições.

(23) Examinei esse aspecto do problema em SEN (1970a, 1979a, b). Para defesas do "welfarismo", ver HARSANYI (1976), HARE (1981), NG (1981), MIRRLEES (1982). Argumentos e contra-argumentos podem ser encontrados em SMART & WILLIAMS (1973) e SEN & WILLIAMS (1982). Ver também RILEY (1986) e ROEMER (1986a, b).

é afetado por considerações éticas (e influenciar a conduta humana é, afinal de contas, um aspecto essencial da ética), então claramente se deve permitir que considerações da economia do bem-estar tenham algum impacto sobre o comportamento real e que, portanto, também sejam relevantes para a economia preditiva. De fato, seria um grande absurdo dedicar muita atenção ao tema da ética se efetivamente considerações éticas nunca afetassem o comportamento real das pessoas.

A sensação de invulnerabilidade à ética que parece permear a economia preditiva surge em parte da alegada força da hipótese de que o comportamento humano, pelo menos em questões econômicas, pode ser satisfatoriamente previsto com base na maximização do auto-interesse. Uma parte substancial do primeiro capítulo foi dedicada a questionar essa hipótese de comportamento. Agora chegou a hora de relacionar aquela discussão sobre o comportamento real (e o conceito subjacente de racionalidade usado como intermediário) à presente discussão sobre os fundamentos éticos da economia do bem-estar. É fácil perceber que se considerações da economia do bem-estar afetam o comportamento real, então a natureza da economia do bem-estar aceitável deve ser de enorme importância para a descrição, explicação e previsão de ocorrências econômicas.

De fato, se a eficiência econômica (no sentido da otimalidade de Pareto) fosse o único critério para a avaliação econômica, e se as várias condições (como por exemplo a ausência de externalidades) impostas pelo chamado "Teorema Fundamental da Economia do Bem-Estar" vigorassem, não haveria em geral nenhum argumento da economia do bem-estar para uma pessoa comportar-se a não ser do modo exigido para maximizar seu próprio interesse. Um comportamento assim por parte de todos realmente produziria a otimalidade de Pareto, e a tentativa de qualquer pessoa de afastar-se da maximização do auto-interesse, se viesse a produzir algum efeito, seria apenas o de ameaçar a obtenção da "eficiência econômica", ou seja, da otimalidade de Pareto. Portanto, se a economia do bem-estar fosse de fato encerrada nesse compartimento extremamente exíguo, e se as suposições estruturais fossem válidas (inclusive a exclusão das interdependências alheias ao mercado), não haveria verdadeiramente nenhum argumento da economia do bem-estar contra o comportamento auto-interessado. Assim, dadas as suposições estruturais, o formato unilateral da relação entre a economia preditiva e a economia do bem-estar, que pode ser visto na tradição econômica dominante, é inteiramente sustentável contanto que a economia do bem-estar fique confinada ao reduzido compartimento que proclama a adequação da otimalidade de Pareto. Quando esse reduzido compartimento for explodido ao se trazer para ele considerações éticas mais abrangentes, a sustentabilidade da relação unilateral também deve desaparecer.

Na fase seguinte do exame, pode-se indagar qual seria a conseqüência da adoção de um critério "welfarista" mais exigente, como o utilitarismo. Isso decerto seria adequado para rejeitar a otimalidade do comportamento auto-interessado em muitas circunstâncias. De fato, Francis Edgeworth (1881) concebeu o conflito de princípios na determinação do comportamento individual como um conflito entre "egoísmo", de um lado, e "utilitarismo", do outro. Obviamente, é verdade que o ótimo utilitarista deve ser, *inter alia*, um ótimo de Pareto, e também é verdade que — nas circunstâncias requeridas pelo chamado "teorema fundamental" — qualquer afastamento do comportamento auto-interessado pode muito bem ameaçar a obtenção da otimalidade de Pareto. Mas não é verdade que qualquer movimento que se desvie de um estado que é um ótimo de Pareto para outro não-ótimo deva reduzir a utilidade agregada. Na verdade, com freqüência isso não acontecerá.

Entretanto, como já argumentamos, o "Teorema Fundamental da Economia do Bem-Estar" produziria uma justificativa para o comportamento auto-interessado por parte de cada um *se* a distribuição inicial de dotações fosse apropriada ao objetivo de bem-estar escolhido. O esquema geral admitia circunstâncias nas quais agir inteiramente segundo o auto-interesse *poderia* ser eticamente justificado na totalidade. Nesse caso, novamente, as considerações da economia do bem-estar não rejeitariam o comportamento auto-interessado e, conseqüentemente, a análise da economia preditiva poderia estar livre de qualquer "infecção" da economia do bem-estar. O significado prático dessa parte do "teorema fundamental" pode muito bem ser bastante limitado, por motivos já mencionados, encerrando dificuldades nas esferas da informação, economia e política. Porém, no âmbito teórico, essa estrutura de suposições mais uma vez possibilitou conceber os seres humanos como pessoas que buscam exclusivamente atender a seus próprios interesses sem recear conselhos em contrário da economia do bem-estar, contanto que as condições apropriadas possam ser pressupostas.

Nesse estágio da análise, passamos do compartimento acanhado para outros mais amplos sem precipitar *nenhuma* rejeição necessária do comportamento auto-interessado com base em argumentos da economia do bem-estar (com as "condições iniciais" desempenhando um papel importantíssimo nessa conciliação). Porém, em todos esses estágios, o "welfarismo" está desempenhando um papel importante na obtenção dessa característica. Enquanto o critério avaliatório for da teoria do bem-estar, seja ele simplesmente a otimalidade de Pareto, seja algum outro mais complexo (como o utilitarismo), a necessidade de ocorrerem no comportamento real afastamentos da maximização do auto-interesse baseados na economia do bem-estar é condicionalmente eliminada.

No estágio seguinte, se o próprio "welfarismo" for rejeitado, o "teorema fundamental" já não pode garantir essa independência condicional do comportamento real com relação à relevância das considerações da economia do bem-estar. Os vários afastamentos do "welfarismo" já mencionados neste capítulo podem, todos, fornecer argumentos para rejeitar o comportamento auto-interessado.

Isso ocorre de modo mais evidente quando se dá importância ao "aspecto da condição de agente" de uma pessoa. De fato, a própria pessoa pode ter motivos para empenhar-se por objetivos *outros* que não o próprio bem-estar ou interesse individual. O respeito pelo aspecto da condição de agente de *outras pessoas* também pode conduzir a afastamentos semelhantes. O comportamento auto-interessado dificilmente pode ser suficiente quando a condição de agente é importante por si mesma (e não simplesmente redutível à busca do auto-interesse).

Surge outro tipo de problema quando se adota uma concepção de bem-estar que difere da utilidade, pois o "teorema fundamental" não é facilmente traduzível para outras maneiras de avaliar o bem-estar individual. Uma concepção de bem-estar individual não baseada principalmente na preferência, mas em algumas circunstâncias "objetivas" (por exemplo, as realizações ligadas ao "funcionamento" [*functioning achievements*] de uma pessoa),[24] também pode solapar a simplicidade do quadro da escolha auto-interessada implícito nas suposições de comportamento que alicerçam o "teorema fundamental". Embora a escolha possa muito bem divergir da preferência, pode divergir muito mais facilmente dessas outras concepções de bem-estar baseadas em outros aspectos que não a preferência.

DIREITOS E LIBERDADE

A inadequação do comportamento auto-interessado também pode ser grave em abordagens éticas que dão ênfase a di-

(24) Ver, por exemplo, SEN (1970a, 1985a), SCANLON (1975), BROOME (1978), SCHWARTZ (1982), NUSSBAUM (1986c). Ver também a literatura sobre desenvolvimento que trata dos critérios de realizações "objetivas" como satisfação de "necessidades básicas" (ver, por exemplo, SEN, 1973c; ADELMAN, 1975; FISHLOW, 1978; GRANT, 1978; STREETEN & BURKI, 1978; MORRIS, 1979; CHICHILNISKY, 1980; STREETEN, 1981a, 1981b; DASGUPTA, 1982b; ANAND,

reitos e liberdades. Esse fato pode não ser muito óbvio. Algumas teorias sobre direitos, como por exemplo a de NOZIK (1974), defendem o direito de uma pessoa empenhar-se por qualquer coisa que lhe aprouver desde que com isso não viole as restrições deontológicas que a impedem de interferir nas atividades legítimas de outra pessoa. O indivíduo é livre para empenhar-se por seus interesses (sujeito a essas restrições), sem nenhum impedimento. Contudo, é preciso reconhecer que a *existência* desses direitos não indica que seria eticamente apropriado *exercê-los* por meio do comportamento auto-interessado. A existência de um direito como esse serve de restrição para que outras pessoas não impeçam esse indivíduo caso ele *decida* buscar a maximização de seu auto-interesse, mas isso não é razão para que ele realmente se empenhe por esse interesse. De fato, uma teoria dos direitos como a de Nozik pode ser combinada até mesmo com a afirmação de que é moralmente apropriado que cada pessoa da sociedade pense em como poderia ajudar os outros. Portanto, se o argumento ético em favor de extrapolar o comportamento auto-interessado tiver de ser rejeitado, não será possível justificar essa rejeição com base na prioridade desses direitos.

Isso ocorre mesmo quando se concebem os direitos segundo os chamados termos "negativos" (por exemplo, rejeitar interferências em vez de conceder um direito positivo de ser ajudado pelos outros). De fato, *valorizar* a "liberdade negativa" — em vez de meramente obedecer às restrições correspondentes

1983; BARDHAN, 1984; STEWART, 1985). O argumento em favor de ir além da métrica das preferências individuais e atribuir valor especial à satisfação de "necessidades meritórias" foi apresentado por MUSGRAVE (1959). A concentração em condições mínimas de vida remonta à própria análise de PIGOU (1952), embora ele relacionasse o valor dessas realizações em última análise à utilidade. A verdadeira questão não é a relevância da satisfação das necessidades básicas, mas o *fundamento* dessa preocupação. Examinei essa questão em SEN (1985a, b).

— pode ter implicações em favor de uma conduta em defesa positiva dessa liberdade para outros, como por exemplo o dever de ajudar os outros quando estes forem ameaçados com a violação de direitos negativos.[25] E, naturalmente, está claro que enfatizar a liberdade *positiva* (isto é, a pessoa poder fazer ou ser isto ou aquilo) e o dever de ajudar os outros nesse aspecto também poderia reforçar a importância de considerações éticas na determinação do comportamento real (ver SEN, 1980, 1985c).[26] A aceitação moral dos direitos (especialmente os que são valorizados e apoiados, e não apenas respeitados na forma de restrições) pode requerer afastamentos sistemáticos do comportamento auto-interessado. Mesmo um movimento parcial e limitado da conduta real nessa direção pode abalar os pressupostos de comportamento que fundamentam a teoria econômica dominante.[27]

O empobrecimento da economia relacionado a seu distanciamento da ética afeta tanto a *economia do bem-estar* (restringindo seu alcance e relevância) como a *economia preditiva* (enfraquecendo seus alicerces nas suposições de comportamento). No terceiro e último capítulo, tratarei com mais profundidade dos requisitos da avaliação ética sistemática e do papel das conseqüências, da liberdade e dos direitos nessa avaliação. A influência dessas considerações éticas mais amplas sobre o comportamento real e, portanto, sobre a economia preditiva também terá de ser examinada.

(25) O argumento em favor de "uma concepção positiva da liberdade negativa" é discutido em SEN (1981b, 1982b). Ver também USHER (1981), DASGUPTA (1982b, 1986), HAMMOND (1982), FREY (1983), HELM (1986) e RAZ (1986).

(26) Ver também KANGER (1957, 1972), KANGER & KANGER (1966), RAWLS (1971), LINDAHL (1977), DWORKIN (1978), HAKSAR (1979), FEINBERG (1980), JAMES (1982), WIGGINS (1985), GOODIN (1985), GAUTHIER (1986), O'NEILL (1986), RAZ (1986).

(27) Essas questões são tratadas com mais pormenores na terceira conferência.

3

LIBERDADE E CONSEQÜÊNCIAS

No capítulo anterior procurei mostrar que a conceituação de realização e vantagem pessoal na economia do bem-estar sofreu profunda influência da visão utilitarista do indivíduo e que essa influência continua importante mesmo na fase pós-utilitarista da economia do bem-estar. A concepção utilitarista, como vimos, é restrita e inadequada e empobreceu ainda mais na moderna economia do bem-estar com a imposição de algumas limitações adicionais, especialmente a de evitar comparações interpessoais de utilidade. Esse empobrecimento adicional pode ser combatido com um retorno a uma concepção utilitarista mais castiça. Mas isso nada fará para eliminar a natureza indigente da visão utilitarista básica da pessoa.

BEM-ESTAR, CONDIÇÃO DE AGENTE E LIBERDADE

No capítulo anterior foram identificadas três limitações da concepção utilitarista, essencialmente independentes uma da outra. Para avançarmos, é necessário atentar particularmente para a natureza dessas limitações e o modo como elas podem ser superadas.

Primeiro, precisamos distinguir entre o "aspecto do bem-estar" [*well-being aspect*] e o "aspecto da condição de agente" [*agency aspect*] de uma pessoa. O primeiro abrange as realizações e oportunidades do indivíduo no contexto de sua vantagem pessoal, enquanto o segundo vai além e examina as realizações e oportunidades também em termos de outros objetivos e valores, possivelmente extrapolando a busca do bem-estar do próprio indivíduo. Ambos os aspectos requerem atenção, porém de modos distintos e por motivos diferentes. O "aspecto do bem-estar" é particularmente importante na avaliação de questões de justiça distributiva (incluindo o diagnóstico da injustiça econômica) e na avaliação da natureza do "quinhão" que cabe à pessoa em termos de vantagem individual. O "aspecto da condição de agente" contém uma visão mais abrangente da pessoa, incluindo a valorização de várias coisas que ela gostaria que acontecessem e a capacidade de formar esses objetivos e realizá-los.[1]

Embora tanto bem-estar como condição de agente sejam conceitos ativos, pois abrangem vários funcionamentos (sobre "funcionamentos" [*functionings*], ver SEN, 1985a, b), e a distinção entre esses dois aspectos não corresponda à distinção entre "paciente" e "agente", o aspecto da condição de agente atenta mais completamente para a pessoa como *quem* faz. Obviamente, a distinção não implica que a condição de agente de uma pessoa independe de seu próprio bem-estar. Como vimos no capítulo 2, é natural esperar que não se possa obter uma variação substancial em um dos aspectos sem que haja alguma variação no outro. Não obstante, eles não são idênticos, nem tão estreitamente ligados que um possa ser visto como mera transformação do outro. A abordagem utilitarista da pessoa é prejudicada por não distinguir entre esses aspectos diferentes e por tentar fundamentar a avaliação normativa somente no aspecto do bem-estar.

Segundo, a concepção utilitarista oferece uma visão de

(1) A necessidade de considerar ambos os aspectos para a avaliação normativa foi examinada em minhas Conferências Dewey (SEN, 1985a, pp. 185-7, 203-8).

bem-estar deficiente (e sistematicamente tendenciosa), e as limitações das diferentes interpretações de utilidade (por exemplo, felicidade, satisfação de desejos) foram analisadas nesse contexto. Embora sentir-se feliz seja uma realização de grande importância, não é a única realização que importa para o bem-estar de uma pessoa (sobre esse aspecto, ver RAWLS, 1971). Além disso, embora o desejo de alcançar algo seja com freqüência um bom indicador da natureza valiosa daquilo que se deseja, a métrica do desejo pode ser um reflexo muito inadequado do valor — de fato, mesmo do que a própria pessoa realmente valoriza, sem mencionar o que ela valorizaria depois de uma reflexão séria e corajosa, livre das limitações impostas por circunstâncias desfavoráveis. Essa limitação é particularmente significativa no contexto das comparações interpessoais de bem-estar.

Terceiro, a liberdade de uma pessoa pode ser considerada valiosa em adição às realizações dela mesma. As opções e oportunidades de um indivíduo podem ser julgadas importantes em uma avaliação normativa em adição àquilo que ele acaba realizando ou assegurando. A liberdade pode ser valorizada não meramente porque auxilia a realização mas também em razão de sua própria importância, extrapolando o valor do resultado realmente alcançado. Se, por exemplo, todas as alternativas além daquela verdadeiramente escolhida fossem eliminadas, isso não afetaria a realização (uma vez que a alternativa escolhida ainda pode ser escolhida), mas a pessoa claramente tem menos liberdade, e isso pode ser considerado uma perda de certa importância.[2]

(2) Um modo alternativo de ver a liberdade é caracterizar os "funcionamentos" de um modo "refinado" (ver SEN, 1985a, pp. 200-2), observando as alternativas que estavam disponíveis. Por exemplo, escolher *x* quando *y* está disponível pode ser considerado diferente de escolher *x* quando *y* não está disponível. A linguagem de uso comum de fato assume às vezes uma forma "refinada"; por exemplo, "jejuar" não é apenas passar fome, mas passar fome apesar de ter a opção contrária. O jejum pode muito bem ser avaliado de

A perspectiva da liberdade pode ser aplicada ao "aspecto do bem-estar" tanto quanto ao "aspecto da condição de agente". Existem, portanto, *quatro* categorias distintas de informações relevantes sobre uma pessoa, abrangendo "realização de bem-estar" [*well-being achievement*], "liberdade de bem-estar" [*well-being freedom*], "realização da condição de agente" [*agency achievement*], e "liberdade da condição de agente" [*agency freedom*].[3] No formato típico da corrente dominante da economia do bem-estar, essa pluralidade reduz-se a uma única categoria graças a um duplo procedimento:

1. Considera-se a liberdade valiosa *apenas instrumentalmente* (de modo que, em última análise, só conta a realização);
2. Supõe-se que a condição de agente de toda pessoa se orienta *exclusivamente* para seus interesses individuais (de modo que a condição de agente também não conta por si mesma).

Já demonstrei (no capítulo 2) por que essa estrutura informacional [*informational*] arbitrariamente limitada é inadequada.

PLURALIDADE E AVALIAÇÃO

A multiplicidade de categorias de informações eticamente relevantes tem sido vista como um problema em algumas vertentes.[4] De fato, na abordagem utilitarista todos os diversos bens são reduzidos a uma magnitude descritiva homogênea (como se supõe que seja a utilidade), e então a avaliação ética simplesmente assume a forma de uma transformação monotônica dessa magnitude. É óbvio que, na medida em que se supõe

---

maneira diferente de outros tipos de privação de alimento precisamente em razão do elemento de "escolha" implícito na descrição refinada.

(3) Procurei examinar os papéis distintos dessas quatro categorias em minhas Conferências Dewey (SEN, 1985a).

(4) As principais questões foram identificadas e examinadas em STEINER (1983).

que a avaliação ética em última análise assume a forma de uma ordenação completa e transitiva, possivelmente com uma representação numérica, a meu ver não poderia existir nada *formalmente* estranho em conceituar a bondade [*goodness*] como um valor ético homogêneo. Procurarei demonstrar adiante que essa própria concepção — conceituar a bondade em termos de uma ordenação necessariamente completa e transitiva — é demasiado restritiva e deficiente, mas vale a pena salientar aqui que a insistência na homogeneidade descritiva do *objeto* de valor na forma de alguma quantidade de utilidade é um requisito adicional — e muito mais restritivo. Não só existe uma concepção unificada e completa da bondade ética (ponderando *vis-à-vis* os diferentes objetos de valor), mas até mesmo os objetos de valor têm de ser todos do *mesmo* tipo (singular e homogêneo) nessa concepção "monista".

A multiplicidade de considerações eticamente valiosas incluída em nossa estrutura, que atribui importância tanto ao bem-estar quanto à condição de agente e considera cada qual em termos de realização e liberdade seria, evidentemente, embaraçosa para uma metodologia "monista", que insiste na homogeneidade descritiva do que deve ser valorizado. Contudo, a natureza arbitrariamente restritiva dessa abordagem "monista" contribui pouquíssimo para tornar esse critério convincente, e não me estenderei mais aqui sobre as razões para não ser barrado por objeções "monistas" (tratei dessa questão em outro trabalho, SEN, 1985a).

A questão do pluralismo e da diversidade de bens e as implicações que essas duas características têm para a ética racional certamente requerem atenção, no mínimo em razão de esses problemas metaéticos serem bem pouco claros e obviamente muito importantes para a economia do bem-estar. Não estou menosprezando a importância dessas questões gerais e, de fato, procurarei abordá-las adiante neste capítulo. O que se está declarando aqui é a recusa a ver o problema em termos de uma necessidade *a priori* de homogeneidade descritiva do que deve ser valorizado.

Esse requisito arbitrário da homogeneidade descritiva dos objetos de valor tem de ser claramente distinguido da questão de se a avaliação ética deve ou não conduzir a uma ordem completa e consistente.[5] O problema importante — e absolutamente não arbitrário — de ordenar diversos pacotes de bens certamente permanece, e terá de ser abordado ao lidar-se com a questão crucial dos conflitos éticos. Mas a questão da ordenação ética não deve ser confundida com a da homogeneidade descritiva.[6]

Também cabe acrescentar que a natureza da pluralidade pode, de fato, ser muito mais extensa na abordagem ora em discussão do que a classificação quádrupla das categorias de informação moral pode sugerir. Isso acontece porque existem diversidades *dentro* de cada uma dessas categorias. Por exemplo, "realização de bem-estar" exigirá que se atente para as *várias* coisas importantes que uma pessoa consegue fazer ou ser. Esses "funcionamentos" podem abranger um conjunto variado de realizações, que vão de estar livre da subnutrição e morbidez

(5) A questão da "comensurabilidade", muito debatida em ética, parece abranger esses dois aspectos — o da homogeneidade descritiva dos bens e o da ordenação geral consistente e completa. Ambas as questões têm figurado há muito tempo nas discussões éticas, inclusive na filosofia e literatura grega clássica (sobre esse aspecto, ver NUSSBAUM, 1984, 1985, 1986a). Ver também WILLIAMS (1973b, 1981), BERLIN (1978), NAGEL (1979), MARCUS (1980), SEARLE (1980), HAMPSHIRE (1982), TAYLOR (1982), FOOT (1983), STEINER (1983), LEVI (1986a).

(6) Ordenar diversos pacotes de objetos bons é, evidentemente, um papel típico da economia (ver DEATON & MUELLBAUER, 1980). Por exemplo, pacotes de mercadorias diferem na composição das características boas e podem ser considerados totalmente ordenados no espaço multidimensional de características (ver GORMAN, 1956, 1976; LANCASTER, 1966, 1971). Embora na abordagem tradicional a ordenação supostamente reflita as quantidades de um objeto homogêneo, ou seja, a satisfação, nas versões mais modernas da teoria do consumidor não se impõe esse requisito, pois nelas a "utilidade" é simplesmente a representação em valores reais de uma ordenação (especificamente, aquela revelada pela escolha). A ordenação de diversos pacotes de características boas pode ser ou não problemática em um caso específico, mas certamente uma ordenação não requer homogeneidade descritiva.

evitável a alcançar a auto-estima e a satisfação criativa.[7] De fato, é nessa lista que o funcionamento de "estar feliz", que alguns utilitaristas consideram a base de *toda* valoração, pode *inter alia* figurar — não sem razão.

Essa diversidade interna é levada também para a avaliação da "*liberdade* de bem-estar", e existe nesta, adicionalmente, a diversidade oriunda dos diferentes modos como um *conjunto* poderia ser avaliado mesmo quando os *elementos* do conjunto possuem todos valores claramente especificados — um problema que examinei em outro trabalho (SEN, 1985b). Existem diversidades correspondentes no âmbito da "realização da condição de agente" e da "liberdade da condição de agente".

Ademais, quando passamos das realizações e liberdade de uma pessoa para as de um conjunto de muitas pessoas — inescapavelmente presente na maioria das avaliações econômicas e éticas —, salienta-se ainda mais a natureza dessa pluralidade. Se, de fato, a pluralidade em si mesma fosse considerada um estorvo, esse teria sido um modo totalmente vão de proceder. Contudo, nada existe de particularmente embaraçoso em uma estrutura plural, e a insistência em estruturas "monistas" não pode escapar de ser arbitrariamente excludente.

Acontece que as estruturas analíticas desenvolvidas pela teoria da escolha social abordaram o problema da avaliação plural em muitos contextos diferentes, inclusive o da avaliação normativa (ver SEN, 1970a, 1986c). De fato, toda essa literatura, cujo pioneiro é ARROW (1951a), aceita sem questionar essa pluralidade. Ademais, como em alguns exercícios de economia teórica o termo utilidade com freqüência é empregado de modo intercambiável com *valoração*, os problemas analíticos estuda-

(7) Ver SEN (1980, 1985a, b). Pode-se perceber que a abordagem sobre os funcionamentos e capacidades desenvolvida nesses trabalhos tem algo em comum com a análise das funções de Aristóteles (ver *Política*, livro III). Para um exame da abordagem aristotélica e sua relação com discussões contemporâneas sobre o bem-estar, ver NUSSBAUM (1986c).

dos no *âmbito* da estrutura das "funções de utilidade" também permitem discernir aspectos significativos da natureza da avaliação plural. Os problemas de completude [*completeness*] e consistência [*consistency*] nesses vários contextos foram alvo de muita atenção, e a literatura formal sobre teoria da escolha social em particular está repleta de variados "teoremas da impossibilidade", bem como de resultados de possibilidade positivos e teoremas de caracterização construtiva estreitamente relacionados às pluralidades.

O que se deve indagar nesse contexto é se as condições de regularidade que foram impostas na formulação da avaliação agregada são aceitáveis e adequadas com relação a noções específicas de "avaliação racional".

"INCOMPLETUDE" E "SUPERCOMPLETUDE"

Quando existem vários objetos de valor, uma linha de ação alternativa pode ser mais valorizada em um aspecto porém menos em outro. Há três modos de lidar com esse problema. O primeiro consiste em examinar os "*trade-offs*" apropriados e decidir se, *tudo ponderado*, uma combinação alternativa de objetos é superior à outra.[8] Essa abordagem requer que os conflitos sejam "resolvidos" antes de as decisões serem tomadas. Isso deixa em aberto a questão de o que se deve fazer se os conflitos não estiverem resolvidos.

Em contraste com a "ordenação completa ponderada" [*balanced complete ordering*], a segunda abordagem pode deixar

(8) Essa ponderação, porém, pode implicar "escolhas trágicas", requerendo um reconhecimento apropriado da natureza dos sacrifícios que se terá de fazer (ver a esclarecedora exposição de CALABRESI & BOBBITT, 1978). Isaac LEVI (1986a) recentemente apresentou uma investigação abrangente sobre os problemas a fim de decidir sobre a ação em "escolhas difíceis" quando alguns conflitos não foram ponderados até a obtenção de avaliações resolvidas.

sem ordenação duas alternativas. Essa abordagem não requer uma ordenação *completa* em cada caso, e permite a "incompletude" [*incompleteness*] na ordem parcial que resulta da avaliação plural (sobre esse aspecto, ver SEN, 1970a, 1985a). Quando há congruência das diferentes partes da avaliação plural, um *ranking* global claro evidentemente pode ser obtido com base no "raciocínio de dominância", ou seja, "x é melhor do que y em todos os aspectos". A ordenação parcial que se obtém em última análise *incluirá* a relação de dominância mas pode, obviamente, ir muito além.

Tanto a abordagem da "ordenação completa ponderada" como a das "ordens parciais" exigem a consistência simples. A terceira abordagem contraria isso e, diante de um conflito irredutível de princípios imperiosos, pode admitir tanto a superioridade de uma alternativa sobre a outra como o inverso. É justo dizer que essa abordagem — admitindo avaliações "inconsistentes" — não é bem vista pelos economistas e, de fato, pela maioria dos filósofos. Ela pode parecer francamente bizarra em termos dos requisitos típicos de consistência interna.

Reconhecer essa "inconsistência", porém, não deita por terra a terceira abordagem, pois tanto a *exeqüibilidade* como a *necessidade* dessa "consistência" também requerem justificação (sobre esse aspecto, ver SEN, 1967b, 1984c). Esta última possibilidade pode resultar da aceitação da natureza imperiosa de dois princípios potencialmente conflitantes de avaliação global com um domínio sobreposto. Essas "avaliações supercompletas" [*overcomplete judgements*] relacionam-se a questões amplamente discutidas na literatura e filosofia clássicas. Independentemente da visão que alguém possa ter sobre, digamos, o dilema de Agamenon, este não pode ser resolvido simplesmente requerendo que Agamenon forçosamente molde sua ordenação de preferências antes de agir.[9]

(9) Ver Bernard WILLIAMS (1965, 1973b, 1981) e Martha NUSSBAUM (1985, 1986a). Sobre questões afins, ver também LEMMON (1962), WALZER

No exame dessas abordagens diferentes é importante, a meu ver, distinguir entre, de um lado, os requisitos das políticas públicas institucionais e, de outro, os das decisões pessoais. No contexto das políticas públicas institucionais, o argumento a favor de seguir a primeira abordagem — a da "ordenação completa ponderada" — é realmente poderoso, e nesse contexto não é difícil simpatizar com a necessidade de funções de bem-estar social consistentes e completas ou com a necessidade de funções de escolha social completas, especificando conjuntos de escolha não vazios para todos os conjuntos não vazios de alternativas dentre as quais escolher (ver FISHBURN, 1973, sobre este último aspecto). Isso ocorre não apenas porque uma decisão pública de base institucional precisa, em algum estágio, requerer instruções inequívocas, mas também porque qualquer valor que possa existir no reconhecimento da "riqueza" de inconsistência oriunda de conflitos de princípios é tipicamente pessoal para o indivíduo envolvido no conflito.

De fato, as necessidades das políticas requerem que alguma coisa ou outra *tenha* finalmente de ser feita; no mínimo, que nada seja feito, o que não deixa de ser uma dessas coisas. Contudo, isso não significa — e esse é um aspecto importante que precisa ser compreendido — que tem de haver uma *razão adequada* para escolher um caminho e não outro. A "incompletude" ou a "supercompletude" em avaliações globais pode muito bem ser um tremendo inconveniente para as decisões, mas a *necessidade* de decidir em si mesma não *resolve* o conflito. Isso implica que às vezes mesmo as decisões públicas institucionais podem ter de ser tomadas com base em justificação parcial.

Creio que não existe um afastamento da escolha racional nessa aceitação. Por exemplo, o asno de Buridano, que morreu

---

(1973), ELSTER (1979, 1983), NAGEL (1979), MARCUS (1980), SEARLE (1980), HARE (1982), FINNIS (1983), SLOTE (1983, 1986), STEINER (1983), LEVI (1986a) e STEEDMAN & KRAUSE (1986).

de fome porque não conseguiu decidir qual dos dois montes de feno à sua frente era superior, poderia ter escolhido racionalmente qualquer um dos dois montes, uma vez que tinha boas razões para escolher *qualquer um* em vez de morrer de fome. Mas ele não tinha razão para escolher um monte *em vez* do outro, e escolher qualquer um deles teria sido, portanto, apenas parcialmente justificado. As decisões públicas racionais precisam conformar-se com essas escolhas parcialmente justificadas.[10]

CONFLITOS E IMPASSE

Quando se trata de avaliações e decisões *pessoais*, o reconhecimento da diversidade de bens com "trade-offs" indefinidos e a impossibilidade — se for o caso — de chegar a uma ordenação completa podem ter alguma relevância psicológica e ética. Obviamente, também aqui os requisitos de decisão exigirão, quer a ponderação, quer alguma resolução arbitrária de um impasse, mas isso não é a única coisa importante na reflexão e volição humana. Por exemplo, mesmo que uma medida de impassível desumanidade por motivos frios e práticos revele-se otimamente conducente a boas conseqüências econômicas, levando em consideração os efeitos indiretos não é absurdo pen-

(10) Discorri sobre a utilidade e adequação da abordagem da "ordenação parcial" em SEN (1970a, b, 1985a, b). Cabe observar ainda que uma ordenação completa pode não ser necessária para a existência de um "melhor" elemento em um dado conjunto. Pode-se admitir alguma inconsistência e "incompletude" sem estorvar a escolha ótima. Sobre as questões analíticas pertinentes, ver SEN (1970a, 1971, 1982a, 1984c, 1986c), FISHBURN (1973), PLOTT (1976), SCHWARTZ (1976, 1986), KELLY (1978), PATTANAIK (1978), MOULIN (1983), SUZUMURA (1983), PELEG (1984), AIZERMAN (1985). As questões verdadeiramente difíceis surgem quando não existe "o melhor" elemento no conjunto do qual precisamos escolher (devido à "incompletude", "supercompletude" ou intransitividade). Sobre essa questão e outras afins, ver SEN (1984c) e LEVI (1986a).

sar que é desprezível conseguir ser friamente desumano e impassível diante de pedidos de ajuda.

O valor desses dilemas, e de seus correspondentes psicológicos na forma de incerteza, hesitação, pesar etc.,[11] é obviamente maior para muitas atividades culturais e sociais do que pode ser para decisões econômicas. Mas esses conflitos e o conseqüente impasse não devem ser de todo insignificantes também para a economia, já que podem influenciar o comportamento de seres humanos cujas ações a economia tenta estudar.

Estudos empíricos recentes acerca do comportamento em situação de incerteza revelaram o que pareciam ser inconsistências sistemáticas na apreciação do risco e na avaliação comparativa de decisões alternativas.[12] Muitos desses resultados foram interpretados, talvez com certa correção, como simplesmente "erros" de percepção ou raciocínio. Mesmo que essa concepção seja plenamente aceita, a prevalência desse comportamento indica ser acertado dar lugar para afastamentos dos requisitos usuais de "racionalidade" na compreensão do comportamento real. Mas também se pode dizer que, na verdade, alguns desses ditos "erros" apenas refletem uma concepção diferente do problema de decisão, concepção essa que contrasta com a formalizada na literatura tradicional.[13]

Há uma margem considerável para ampliarmos nossa compreensão sobre os problemas de decisão no contexto de argu-

(11) Sobre esse aspecto, ver WILLIAMS (1985) e NUSSBAUM (1986a).

(12) Ver especialmente KEENEY & RAIFFA (1976), KAHNEMAN, SLOVIK & TVERSKY (1982). Ver também ALLAIS (1953), ALLAIS & HAGEN (1979), DAVIDSON, SUPPES & SIEGEL (1957), MacCRIMMON (1968), KAHNEMAN & TVERSKY (1979) e ARROW (1982, 1983). Ver ainda LEVI (1974, 1982, 1986a, b), MACHINA (1981), BELL (1982), LOOMES & SUGDEN (1982), McCLENNEN (1983), SCHELLING (1984), DAVIDSON (1985b), SEN (1985e), sobre várias questões afins. Também os ensaios apresentados em STIGUM & WENSTOP (1983) e DABONI, MONTESANO & LINES (1986).

(13) Argumentei nesse sentido em SEN (1984c, 1985d, e). Ver também MACHINA (1981), BROOME (1984), HAMMOND (1986).

mentos éticos e avaliação na economia do bem-estar. De fato, o modelo de "ordenação completa ponderada" pode não ser realista e ser profundamente enganoso para a descrição e previsão do comportamento, além de possivelmente indefensável na ética substantiva. É claro que não há uma forte razão para inventar dilemas profundamente divisórios quando não existe nenhum, mas quando eles de fato existem — como parece ocorrer com muita freqüência — reconhecer a natureza desses dilemas pode contribuir não apenas para o entendimento e avaliação dos fenômenos econômicos, mas também para a previsão econômica.

Problemas desse tipo podem ser particularmente importantes nas relações trabalhistas (no que tange a aderir a greves ou ajudar a dissolvê-las), negociações salariais (relacionados a ação ou ameaça de ação coletiva da indústria), eficiência e produtividade industrial (com relação a cooperação e conflito na fábrica) e vários outros contextos que de modo nenhum são secundários para o funcionamento de uma economia (ver SEN, 1984a). Por exemplo, no exame do complexo processo da greve dos mineiros ocorrida na Grã-Bretanha em 1984-85, com proporções variadas de mineiros grevistas e fura-greves, a complexidade ética e as exigências pragmáticas com que defrontaram os mineiros precisam ser adequadamente compreendidas. Embora os aspectos ligados à teoria dos jogos desse problema possam ser formalizados até certo ponto na estrutura de modelos tradicionais de racionalidade estrita, as severas restrições impostas por esse modelo são muito limitadoras.

DIREITOS E CONSEQÜÊNCIAS

A riqueza de considerações éticas que poderiam ser importantes tanto para a economia do bem-estar como para a economia preditiva é, portanto, muito maior do que tradicionalmente tem sido aceito ou proposto nessas áreas. As restrições impostas pelo "welfarismo" e pelo "conseqüencialismo", bem como pelas demandas de decisões racionais estreitamente concebidas, têm tornado muitos tipos de considerações relevantes inadmissíveis na avaliação econômica ou previsão do comportamento. Procurei mostrar que isso requer uma expansão reparadora no conjunto de variáveis e influências que encontram lugar na análise econômica.

Embora esta discussão tenha criticado severamente a economia em seus moldes presentes, não é meu intuito dar a entender que esses problemas foram satisfatoriamente abordados pela literatura ética existente, de modo que bastaria apenas incorporar as lições dessa literatura à economia, aproximando-a da ética. Infelizmente, esse não é o caso. De fato, pode-se dizer que algumas dessas considerações éticas podem ser proveitosamente analisadas mais a fundo empregando várias abordagens e procedimentos usados pela própria economia.

Esse argumento pode ser ilustrado com base na idéia dos direitos morais e da liberdade. Evidentemente, é preciso admitir desde já que direitos morais ou liberdade não são, de fato, conceitos aos quais a moderna economia dá muita atenção. Na verdade, na análise econômica os direitos são vistos tipicamente como entidades puramente legais com uso instrumental, sem nenhum valor intrínseco. Já discorri sobre esses descasos. Contudo, pode-se dizer que uma formulação adequada de direitos e liberdade pode fazer bom uso do raciocínio conseqüencial do tipo tradicionalmente encontrado em economia.

No renascimento da ética fundamentada em direitos que tivemos em décadas recentes, os direitos com freqüência têm sido vistos em termos deontológicos, assumindo a forma de restrições a que os outros simplesmente têm de obedecer. O elegante sistema de estrutura moral baseado em direitos proposto por Robert NOZICK (1974) é um exemplo desse caso. Pode-se dizer que esse tipo de estrutura deontológica talvez não seja particularmente adequado para tratar dos problemas complexos de interdependência generalizada encontrados na moralidade social (inclusive na economia normativa). Por exemplo, se a obediência não for perfeita, com alguns desobedecendo às restrições importantes (essa pode realmente ser uma situação muito comum), os outros não deveriam tentar impedir essas violações? Mas esses requisitos morais, caso presentes, não assumiriam eles próprios a forma de restrições, e sim de obrigações de fazer algo positivo, ou seja, tentar impedir os transgressores.

Se a pessoa A estiver violando gravemente algum direito de B, por exemplo, espancando-o, a pessoa C tem o dever de ajudar a impedir isso?[14] Adicionalmente, C estaria correto ao cometer alguma violação pouco importante de algum outro direito da pessoa D para ajudar a impedir a violação mais importante dos direitos de B pela pessoa A, que está fortemente arma-

(14) Aceitar esse dever evidentemente pode também ter por base um raciocínio utilitarista, pois a utilidade de B — e não meramente seus direitos — sofre em poder de A. O objetivo deste exemplo é comparar diversos tipos de raciocínios fundamentados em direitos sem compará-los respectivamente com a argumentação utilitarista. Contudo, se o intuito for ilustrar a vantagem do raciocínio conseqüencial baseado em direitos não meramente sobre as formulações deontológicas não conseqüenciais de direitos mas também sobre o utilitarismo, o exemplo poderia ser ampliado de modo a não dar a C uma razão utilitarista para intervir. Isso pode ser feito facilmente para o "utilitarismo de atos" [*act utilitarianism*], fazendo-se o ganho total de utilidade do agressor (ou mais plausivelmente de *muitos* agressores) maior do que a perda de utilidade da vítima B. De fato, o exemplo pode ser formulado de modo que mesmo os defensores do "welfarismo" preocupados com a eqüidade (e não meramente os utilitaristas que maximizam apenas a soma de utilidades) não tivessem razão para recomendar a intervenção de C (por exemplo, a vítima B pode estar em uma situação muito boa e ainda continuar, depois do assalto, em situação mais vantajosa relativamente à condição lúmpen dos assaltantes). Posições indiretamente utilitaristas e "welfaristas" afins requerem considerações adicionais, as quais também podem ser apresentadas sem comprometer o intuito ilustrativo desse tipo de exemplo, ou seja, as vantagens especiais de incorporar fruições e violações de direitos em uma estrutura conseqüencial. Essas questões foram discutidas mais completamente, com exemplos, em SEN (1982b, 1983c).

da? Por exemplo, C poderia pegar sem permissão — digamos, à força — um carro pertencente a D, que não quer emprestá-lo a C, a fim de chegar rápido ao local e salvar B, que está sendo espancado por A? Se os direitos apenas assumem a forma de restrições ("Não viole os direitos dos outros") e as restrições são como as especificadas, digamos, no sistema de Nozick, então C claramente não deve tentar ajudar B dessa maneira, pois C:

1. não tem obrigação de ajudar B;
2. tem obrigação de não violar os direitos de D.

O sistema de direitos nozickiano, baseado no conceito de *entitlements*, fornece respostas implausíveis a essas questões e muitas outras afins, mas elas são inevitavelmente importantes quando de fato se pretende levar a sério e defender os direitos.

Procurei mostrar em outros trabalhos (SEN, 1982b, 1985c) que esse tipo de "interdependência geral" requer a internalização de cômputos externos, sendo mais praticável fazê-lo incorporando-se o valor da fruição de direitos e o desvalor da violação de direitos à avaliação da situação resultante.[15] A estrutura de raciocínio conseqüencial e investigação de interdependências extensivamente desenvolvida em economia em muitos contextos (inclusive o da análise do equilíbrio geral, examinado no capítulo 2) facilita o discernimento quando investigamos os inescapáveis problemas de interdependência envolvidos na apreciação do valor dos direitos em uma sociedade.

(15) STEINER (1986) fez um exame crítico de minha proposta e deu sugestões importantes. No seminário em que seu trabalho foi apresentado (fevereiro de 1986, em Louvain-la-Neuve), houve outros exames interessantes da abordagem que tentei empreender (especialmente de Jos de Beus). Sou muito grato aos organizadores do seminário (Leo Apostel e Philippe Van Parijs) e aos participantes.

AVALIAÇÃO CONSEQÜENCIAL E DEONTOLOGIA

Esse tipo de abordagem dos direitos tende a encontrar certa resistência, especialmente porque o revivescimento da argumentação fundamentada em direitos proveio com freqüência de posições filosóficas suspeitas de empregar raciocínio "conseqüencialista" (por exemplo, RAWLS, 1971; NOZICK, 1974; DWORKIN, 1978; ACKERMAN, 1980). Desconfia-se que rejeitar a concepção dos direitos como restrições deontológicas inflexíveis pode ter o efeito de "jogar fora o bebê junto com a água do banho".* A importância intrínseca dos direitos pode ser comprometida por contra-argumentos conseqüenciais, e esses comprometimentos podem ser eticamente indefensáveis, já que podem tornar os direitos frágeis e indevidamente contingentes.

É compreensível que essas dúvidas possam plausivelmente surgir. Contudo, os receios são essencialmente equivocados. Primeiro, eles surgem, em certa medida, da tradição de combinar conseqüencialismo com "welfarismo", de modo que não apenas as ações etc. são julgadas segundo a bondade de estados de coisas, mas esta também, por sua vez, é julgada inteiramente segundo as utilidades conseqüentes. O fato de o utilitarismo incorporar tanto o conseqüencialismo como o "welfarismo" com freqüência tem dificultado dissociar os dois elementos. Porém, é óbvio que eles são elementos distintos e essencialmente independentes.[16]

De fato, se as violações de direitos forem consideradas coisas más e o gozo de direitos for julgado uma coisa boa, o "welfarismo" fica obrigatoriamente comprometido, pois requer que nada além das utilidades possua valor intrínseco. Quando os diferentes elementos do utilitarismo são desmembrados, vê-se que,

(*) Descartar o importante ao tentar livrar-se do que não presta. (N. T.)

(16) Sobre esse aspecto, ver SEN (1979a, b, 1985a) e SEN & WILLIAMS (1982, "Introduction").

embora uma teoria moral baseada em direitos não possa coexistir com o "welfarismo" ou com o "*ranking* pela soma" [*sum-ranking*], pode muito bem coexistir com o conseqüencialismo.

O segundo aspecto a destacar é que seria um erro não dar atenção às conseqüências mesmo quando se está lidando com objetos intrinsecamente valiosos. O argumento em favor do raciocínio conseqüencial surge do fato de que as atividades têm conseqüências. Mesmo atividades que são intrinsecamente valiosas podem ter *outras* conseqüências. O valor intrínseco de qualquer atividade não é uma razão adequada para menosprezar seu papel instrumental, e a existência de uma importância instrumental não é uma negação do valor intrínseco de uma atividade. Para chegar a uma avaliação global do status ético de uma atividade é necessário não apenas considerar seu valor intrínseco (se ela o possuir), mas também seu papel instrumental e suas conseqüências sobre outras coisas, isto é, examinar as diversas conseqüências intrinsecamente valiosas ou desvaliosas que essa atividade pode ter. O que se denominou o aspecto de "engenharia" da economia tem um correlato dentro da própria ética. Ele pode não ser tão essencial em muitos problemas éticos quanto na corrente dominante da economia, mas pode ter uma importância significativa.

O terceiro aspecto que eu gostaria de ressaltar é que o raciocínio conseqüencial pode ser empregado de modo proveitoso mesmo quando o conseqüencialismo propriamente dito não é aceito. Não fazer caso das conseqüências é deixar uma história ética pela metade. Entretanto, o conseqüencialismo requer mais do que contar a história. Ele exige, em especial, que a correção das ações seja julgada inteiramente segundo a bondade das conseqüências, e isso é uma exigência não meramente de levar em consideração as conseqüências, mas de deixar de lado tudo o mais. É óbvio que essa dicotomia pode ser reduzida vendo as conseqüências em termos muito amplos, incluindo o valor das ações empreendidas ou o desvalor dos direitos violados. Procurei demonstrar em outros trabalhos:

1. que essa ampliação é proveitosa; de fato, ela é essencial, porém,

2. mesmo depois de uma ampliação total, pode permanecer uma lacuna entre a avaliação conseqüencialista e a avaliação deontológica sensível às conseqüências (SEN, 1982b, 1983c).

Afirmar que a ação x deve ser escolhida em vez da ação y não equivale a afirmar que o estado de coisas resultante da ação x, incluindo a ação x executada, é superior ao estado de coisas resultante da ação y, incluindo a ação y executada. A força dessa distinção pode diminuir à medida que o conseqüencialismo for sendo definido de um modo cada vez mais abrangente, porém a distinção não desaparece mesmo quando o raciocínio conseqüencial é plenamente seguido e quando as ações executadas são incluídas entre as conseqüências. A análise conseqüencial pode ser considerada necessária, mas não suficiente, para muitas decisões morais.[17]

O quarto aspecto a ressaltar é que o raciocínio conseqüencial — e, de fato, o próprio conseqüencialismo — pode ser combinado à "relatividade quanto à posição" da avaliação dos estados de coisas (SEN, 1983c). É uma questão de estrutura interna de uma abordagem ética insistir, ou *não* insistir, em que pessoas diferentes, independentemente de suas posições, devem avaliar um mesmo estado de coisas exatamente da mesma maneira. É possível assumir diferentes perspectivas, digamos, na questão de se Otelo deve ou não avaliar o estado de coisas em que Desdêmona foi morta (por ele, na verdade) exatamente do mesmo modo como qualquer outra pessoa deve avaliar. A perspectiva assumida pode ser, como procurei demonstrar que

(17) Ver SEN (1982b, 1983c, 1985a). Samuel SCHEFFLER (1982) argumentou persuasivamente em favor da distinção entre a *permissão* para fazer alguma coisa e a *obrigação* de fazê-la, mostrando que o conseqüencialismo é muito mais adequado à primeira do que à segunda dessas condições. Se alguma ação produz as melhores conseqüências globais, é difícil negar que somos moralmente livres para empreendê-la, mas isso é bem diferente de asseverar que somos obrigados a fazer exatamente isso. Ver também SLOTE (1985).

deve ser, a de que, dada a posição específica de Otelo no estado de coisas em questão, como amado, marido e assassino de Desdêmona, uma teoria ética consistente e integrada poderia requerer que Otelo julgasse esse estado muito mais severamente do que os outros — não envolvidos no assunto — podem julgar.[18]

Se essa "relatividade quanto à posição" na avaliação dos estados de coisas for aceita, as várias características da moralidade relativa ao agente aplicada aos atos, examinadas por filósofos como Bernard Williams, Thomas Nagel e Derek Parfit,[19] podem ser encaixadas em um sistema conseqüencialista (incorporando a avaliação moral sensível à posição dos estados de coisas). As vantagens do raciocínio conseqüencial que usa a interdependência e a ponderação instrumental podem ser então combinadas não apenas à avaliação intrínseca mas também à sensibilidade ao agente e relatividade à posição da avaliação moral.

Evidentemente, é verdade que o raciocínio conseqüencial é atrativo para o modo tradicional como os economistas vêem a avaliação prescritiva, e esse tipo de raciocínio pode ser, na verdade tem sido, usado de maneira extremamente mecânica. Contudo, se o raciocínio conseqüencial for usado sem as limitações adicionais impostas pelos requisitos bem diferentes do "welfarismo", independência de posição e ignorância do possível valor intrínseco de variáveis instrumentalmente importantes, a abordagem conseqüencial pode fornecer uma estrutura sensível e sólida para o pensamento prescritivo em questões

(18) Esse argumento foi apresentado em SEN (1982b) e analisado mais pormenorizadamente em SEN (1983c, 1985a). Ver também REGAN (1983), GARCIA (1986), STEINER (1986).

(19) Ver WILLIAMS (1973a, 1981), NAGEL (1979, 1980) e PARFIT (1984). Devo acrescentar neste contexto que, em um trabalho interessante, as críticas que Philippa FOOT (1985) faz aos "sistemas de direitos como fins" propostos em SEN (1982b) parecem depender de não observar adequadamente a relatividade quanto à posição que esses sistemas admitem (SEN, 1982b, pp. 33-8; ver também SEN, 1983c).

como direitos e liberdade. Também procurei mostrar que existem vantagens distintas em seguir esse caminho. Ele contrasta tanto com o restrito "welfarismo" conseqüencialista usado na economia do bem-estar tradicional como com algumas abordagens deontológicas empregadas em filosofia moral com apreciação conseqüencial inadequada.

ÉTICA E ECONOMIA

É correto afirmar que um contato mais próximo entre ética e economia pode ser benéfico não apenas para a economia mas até mesmo para a ética. Muitos problemas éticos apresentam o que temos denominado aspectos "de engenharia", e alguns deles, na verdade, encerram relações econômicas. Mesmo a análise de Aristóteles sobre o "bem para o homem" incluiu, como visto no primeiro capítulo, várias questões de administração econômica, com correspondentes demandas sobre a engenharia econômica. Mas, deixando de lado o uso direto do raciocínio econômico, a tradição em economia de salientar e investigar questões logísticas de interdependência e interconexão tem certa relevância metodológica para argumentos éticos. Esbocei brevemente acima o argumento em favor de desenvolver algumas das discussões éticas contemporâneas ampliando-as na direção conseqüencial, apesar da compreensível rejeição do utilitarismo e sua singularmente restrita forma de interpretação conseqüencial.

Neste livro, porém, preocupei-me mais com o que a ética pode fazer pela economia do que vice-versa. Procurei mostrar que o fato de a economia ter se distanciado da ética empobreceu a economia do bem-estar e também enfraqueceu a base de boa parte da economia descritiva e preditiva. Nos capítulos anteriores, examinamos os efeitos indiretos do empobrecimento da economia do bem-estar sobre a economia descritiva e preditiva. Retomo agora essa questão, para concluir este último capítulo.

O uso disseminado da extremamente restrita suposição do comportamento auto-interessado tem limitado de forma séria, como procurei demonstrar, o alcance da economia preditiva e dificultado a investigação de várias relações econômicas importantes que funcionam graças à versatilidade dos comportamentos. Como vimos no capítulo anterior e neste, a riqueza de considerações éticas nas avaliações em economia do bem-estar tem relevância direta para o comportamento pessoal. Não é meu intuito sugerir que modelo de comportamento algum pode ser útil se não levar em conta todas essas complexidades. Obviamente, é preciso seguir muitos atalhos, e a importância preditiva dos diversos tipos de considerações éticas tem de ser examinada de modo correspondente. Por outro lado, ater-se inteiramente à restrita e implausível suposição do comportamento puramente auto-interessado parece levar-nos por um pretenso "atalho" que termina em um lugar diferente daquele aonde desejávamos ir. O objetivo é entender, explicar e prever o comportamento humano de modo que as relações econômicas possam ser proveitosamente estudadas e usadas para a descrição, a predição e as políticas econômicas. Descartar toda motivação e valoração que não sejam de auto-interesse extremamente restrito é algo difícil de justificar com base na utilidade para fazer predições, além de ter uma bem duvidosa sustentação empírica. Ater-se a esse caminho estreito não parece um modo muito acertado de fazer nosso trabalho.

Existe, contudo, uma complexidade na formulação do "comportamento auto-interessado" que ainda não examinei e pode ser muito importante para compreendermos a natureza do desafio que enfrentamos para conseguir um *insight* mais profundo sobre a relação entre auto-interesse e comportamento.

BEM-ESTAR, OBJETIVOS E ESCOLHAS

Na literatura econômica tradicional, supõe-se que a pessoa maximiza sua função de utilidade, a qual depende somente de seu próprio consumo e determina todas as suas escolhas. Essa complexa estrutura de "comportamento auto-interessado" possui três características distintas — e essencialmente independentes.

Bem-estar autoconcentrado: O bem-estar de uma pessoa depende apenas de seu próprio consumo (e em especial não encerra nenhuma simpatia ou antipatia por outras pessoas).

Objetivos limitados ao próprio bem-estar: O objetivo de uma pessoa é maximizar o próprio bem-estar e — dada a incerteza — o valor esperado desse bem-estar ponderado segundo as probabilidades (em especial isso não implica atribuir diretamente importância ao bem-estar de outras pessoas).

Escolha orientada para o próprio objetivo: Cada ato de escolha de uma pessoa é governado imediatamente pela busca de seu próprio objetivo (e em especial não é restrito nem adaptado pelo reconhecimento de interdependência mútua de êxitos respectivos, por haver outras pessoas buscando cada qual seus objetivos).[20]

Na teoria econômica tradicional (por exemplo, na análise do equilíbrio geral predominante), todas essas três hipóteses são feitas simultaneamente e combinadas. Mas é possível desmembrá-las. Por exemplo, o bem-estar de uma pessoa pode não depender apenas do que ela própria consome, muito embora seu único objetivo possa ser a maximização do próprio bem-

(20) Essas distinções e sua importância foram examinadas em SEN (1985d).

estar, e todas as suas escolhas possam refletir esse objetivo (ver, por exemplo, WINTER, 1969; ARCHIBALD & DONALDSON, 1976). Ou o bem-estar de uma pessoa pode depender apenas do próprio consumo, mas seus objetivos podem abranger outros fins que não a maximização do próprio bem-estar (ver, por exemplo, AKERLOF, 1983). Vários tipos de afastamentos do comportamento auto-interessado podem ser encontrados, com a violação de qualquer um, quaisquer dois ou de todos os três requisitos (ver SEN, 1985d).

Atribuir importância a considerações da economia do bem-estar pode ter o efeito de fazer a pessoa violar esses requisitos. Considerações éticas poderiam induzir à maximização de algum outro objetivo que não o bem-estar da própria pessoa, bem como induzir reações que levam o bem-estar pessoal a alicerçar-se em uma base mais ampla que o consumo do indivíduo. As implicações de diferentes considerações éticas sobre essas características distintas incorporadas ao comportamento auto-interessado podem ser sistematicamente analisadas.

A característica mais difícil para trabalhar é a da *escolha orientada para o próprio objetivo*. De fato, pode parecer absolutamente aceitável — talvez até mesmo inquestionável — esperar que uma pessoa escolha a alternativa de ação que seja a melhor para seus objetivos (inclusive objetivos morais, se houver), dadas as coisas sobre as quais a pessoa não tem controle (inclusive as escolhas de outros indivíduos).

A verdadeira dificuldade na suposição da escolha orientada para o próprio objetivo não está na ausência de plausibilidade intuitiva imediata, e sim no fato de que o uso da escolha orientada para o próprio objetivo por parte de uma comunidade de pessoas com objetivos díspares pode levar a uma menor satisfação dos objetivos de cada uma delas do que se elas seguissem uma regra de comportamento diferente. Problemas desse tipo podem ser caracterizados facilmente usando a estrutura de jogos clássicos, como por exemplo o Dilema do Prisioneiro (ver

LUCE & RAIFFA, 1957; OLSON, 1965; PARFIT, 1984).[21] Esses jogos obviamente são artificiais, mas guardam uma analogia estreita com vários problemas da vida real — inclusive muitos econômicos — e chamam nossa atenção para questões fundamentais da conduta social.

No Dilema do Prisioneiro, cada pessoa tem uma estratégia individual "estritamente dominante", ou seja, independentemente do que as outras vierem a fazer, os objetivos de cada pessoa são mais bem atendidos seguindo-se essa estratégia dominante (e "orientada para o próprio objetivo"). Ao mesmo tempo, os objetivos de todos teriam sido respectivamente mais bem atendidos se houvessem seguido uma estratégia diferente (e mais cooperativa). Dada a escolha "orientada para o próprio objetivo", está claro que cada pessoa de fato seguirá a estratégia não cooperativa, e portanto todas terminarão em uma situação inferior à que obteriam com a estratégia cooperativa.[22] Existem analogias na vida real com esse tipo de problema em muitas

(21) Ver também BAUMOL (1952), SEN (1961, 1967a, 1974), MARGLIN (1963), WATKINS (1974, 1985), TAYLOR (1976), WEYMARK (1978), DOEL (1979), HARDIN (1982), BACHARACH (1985), CAMPBELL & SNOWDEN (1985), GAUTHIER (1986), para exemplificações da natureza do problema contido em situações do tipo Dilema do Prisioneiro.

(22) Cabe notar que uma situação do tipo Dilema do Prisioneiro pode surgir mesmo quando ambos os jogadores são altamente "morais" e não se limitam a maximizar cada qual seu bem-estar (ver PARFIT, 1984). De fato, é fácil verificar que o crucial para o Dilema do Prisioneiro é a "escolha orientada para o próprio objetivo" e não o "bem-estar autoconcentrado" ou o "objetivo limitado ao próprio bem-estar". Duas pessoas com diferentes ordenações morais de objetivos podem encontrar-se em uma situação do tipo Dilema do Prisioneiro e, se ambas se pautarem pela escolha orientada para o próprio objetivo, todos os resultados usuais decorrerão. Isso não deve ser interpretado como uma afirmação de que não existe solução moral para o Dilema do Prisioneiro, pois moralidade não é apenas uma questão de possuir um conjunto de objetivos e não outro, mas também da relação entre ação e conduta, de um lado, e objetivos, aspirações, valores etc., de outro. A questão da correspondência entre objetivos e escolha surge não meramente no contexto geral do conseqüencialismo (ver WILLIAMS, 1973) mas também no da avaliação das

áreas verdadeiramente importantes em economia, como por exemplo a obtenção de produtividade industrial elevada, que pode depender dos esforços de todos, muito embora cada pessoa possa ser capaz de melhor atender aos próprios objetivos deixando de aplicar-se intensamente ao seu trabalho (enquanto aproveita os frutos do trabalho dos outros).

Estudos experimentais sobre o comportamento caracterizado na teoria dos jogos também tenderam a revelar afastamentos da escolha orientada para o próprio objetivo (ver, por exemplo, LAVE, 1962; RAPOPORT & CHAMMAH, 1965; AXELROD, 1984). Esses afastamentos são observados muito claramente também em experiências da vida real ligadas a questões econômicas e sociais. Há indícios de que as pessoas seguem determinadas regras de comportamento que contrariam os objetivos que elas reconhecem e em última análise desejam maximizar, e isso ocorre às vezes sem que elas atribuam nenhuma importância *intrínseca* à observância dessas regras de comportamento. Essas regras podem, de fato, ser seguidas por motivos instrumentais, para o benefício do grupo como um todo na forma de os objetivos *de cada um* serem mais bem atendidos, muito embora cada pessoa pudesse ter sido capaz de melhorar ainda mais a satisfação dos próprios objetivos seguindo uma estratégia diferente, *dada* a escolha de estratégia das outras.

Em anos recentes desenvolveu-se uma literatura razoavel-

---

implicações sobre a ação dos próprios objetivos de cada pessoa à luz dos objetivos das outras (ver SEN, 1974, 1983a; GAUTHIER, 1986). Em especial, a necessidade de considerar o *meta-ranking* [*metaranking*] dos possíveis *rankings* de uma pessoa surge mesmo quando estes últimos são diferentes ordenações morais e não reflexos do, digamos, bem-estar pessoal. Para diferentes tipos de conceitos de *meta-rankings* e seus exames críticos, ver FRANKFURT, 1971; JEFFREY, 1974; SEN, 1974, 1977c; BAIER, 1977; BAIGENT, 1980; MAJUMDAR, 1980; PATTANAIK, 1980; HOLLIS, 1981; VAN DER VEEN, 1981; HIRSCHMAN, 1982; MCPHERSON, 1982, 1984; SCHELLING, 1984; SCHICK, 1984. O argumento geral acerca do reduzido conteúdo "informacional" unicamente do *ranking* escolhido aplica-se também aos *rankings* morais (SEN, 1984a).

mente vasta sobre a teoria dos jogos, tratando da prevalência do comportamento cooperativo em jogos *com repetições finitas* do Dilema do Prisioneiro. Isso é interessante e importante, pois existe um argumento geral contra essa cooperação em jogos com repetições finitas no Dilema do Prisioneiro. O argumento é que qualquer recompensa por não se empenhar pela escolha orientada para o próprio objetivo deve surgir da resposta favorável de outros jogadores em rodadas posteriores. Portanto, claramente não há motivo para afastar-se da escolha orientada para o próprio objetivo na *última* rodada, já que não haverá mais rodadas. Porém, como cada parte não tem incentivo para afastar-se da escolha orientada para o próprio objetivo na última rodada, também não há razão para adotar um comportamento que não seja auto-interessado na *penúltima*, uma vez que ninguém responderá na última. Fazendo a indução regressiva, pode-se mostrar, com base nesse tipo de raciocínio, que não haverá motivo para afastar-se da escolha orientada para o próprio objetivo em nenhum estágio do jogo. Não obstante, o fato é que a cooperação efetivamente parece emergir em jogos desse tipo.

Na literatura formal encontramos várias tentativas de explicar o surgimento da cooperação mediante a introdução de algum tipo de "defeito", seja no conhecimento, seja no raciocínio dos jogadores. Estes poderiam ignorar o número de rodadas do jogo, impossibilitando assim a indução regressiva. Ou os jogadores podem não saber exatamente qual seria o objetivo ou o conhecimento dos outros jogadores e poderiam acreditar — erroneamente, a propósito — que os outros verdadeiramente apreciam a cooperação e respondem em conformidade com ela. Ou os possíveis padrões de comportamento a serem levados em consideração podem ser arbitrariamente limitados de algum modo especial sem que todas as possibilidades de variação sejam examinadas.[23]

(23) Ver as interessantes contribuições de TAYLOR (1976), BASU (1977),

Esses "defeitos" podem realmente estar presentes, mas também é possível que o comportamento cooperativo tenha uma explicação bem diferente. De fato, essa cooperação com freqüência é encontrada mesmo em jogos *não repetidos* desse tipo, em situações da vida real que só ocorrem uma vez. Obviamente, poderia acontecer de os objetivos reais de uma pessoa não serem aqueles que se acredita que ela está tentando maximizar. Mas também é possível que as pessoas compreendam claramente seus objetivos, desejem maximizá-los, mas ainda assim levem em consideração os objetivos de outras pessoas, porque reconhecem a natureza de interdependência mútua das realizações de diferentes pessoas nessas situações.[24]

O comportamento, em última análise, também é uma questão social, e pensar em termos do que "nós" devemos fazer ou qual deve ser "nossa" estratégia pode refletir um senso de identidade que encerra o reconhecimento dos objetivos de outras pessoas e das interdependências mútuas existentes. Embora os objetivos de outras pessoas possam não estar incorporados aos nossos próprios, o reconhecimento da interdependência pode sugerir que certas regras de comportamento sejam seguidas, regras essas que não necessariamente possuem um valor intrínseco, mas são de enorme importância *instrumental* na promoção dos respectivos objetivos dos membros desse grupo.

A linguagem da teoria dos jogos — e, na verdade, a da teoria econômica — dificulta examinar padrões de comportamento desse tipo, pois é muito tentador pensar que seja o que for que uma pessoa pareça estar maximizando, em uma interpretação simples, isso tem de ser seu objetivo. Mas o que se pode

---

RADNER (1980), SMALE (1980), AXELROD (1981, 1984), HARDIN (1982), KREPS, MILGROM, ROBERTS & WILSON (1982).

(24) Ver SEN (1973a, 1974), WATKINS (1974, 1985), ULLMAN-MARGALIT (1977), LEVI (1982), BINMORE (1984), PARFIT (1984). Sobre assuntos afins concernentes à natureza da convenção social, ver as interpretações alternativas de LEWIS (1969) e GILBERT (1983).

julgar que uma pessoa está maximizando depende de uma certa interpretação do que ela considera serem as variáveis de controle apropriadas e de que variações são tidas como o meio de controle certo exercido por jogador. Temos aqui uma genuína ambigüidade quando o valor instrumental de certas regras *sociais* é aceito para a promoção *geral* de objetivos individuais. Se a reciprocidade não é considerada importante intrinsecamente e sim instrumentalmente, e esse reconhecimento se expressa de fato em comportamento recíproco para melhor atingir os objetivos de cada pessoa, é difícil argumentar que o "objetivo real" da pessoa é seguir a reciprocidade em vez de seus respectivos objetivos reais.

Esse modo de ver o problema da cooperação no Dilema do Prisioneiro tem algumas vantagens sobre as outras abordagens.[25] Primeiro, aplica-se também aos jogos não repetitivos do Dilema do Prisioneiro, e muitos exemplos de comportamento cooperativo da vida real parecem ser desse tipo. Segundo, não apresenta o problema de encontrar uma solução incorporando algum tipo de "defeito" ao conhecimento. É possível que as pessoas freqüentemente se encontrem em uma situação de ignorância, mas existe algo de despropositado em um modelo de comportamento "racional" que dependa da ignorância para ser capaz de obter bons resultados, que deixe de funcionar se as pessoas se tornarem mais bem informadas.

Evidentemente, é preciso admitir que existem ambigüidades também na concepção de instrumentalidade social, porém essa é uma rota que de fato apresenta alguma plausibilidade. Com efeito, a possibilidade da "incompletude" ou "sobredeterminação" já examinada neste capítulo no contexto de conflitos de princípios tem uma certa importância para essa ambigüidade. Se a pessoa vê as ações em termos de estratégia social, notando os respectivos objetivos de outras pessoas em posição seme-

(25) Procurei explorar essa linha de análise e algumas de suas implicações em SEN (1985d, 1986d).

lhante à dela no jogo do Dilema do Prisioneiro, seguir a estratégia cooperativa é pertinente: "Isso é melhor para os respectivos objetivos de todos nós". Se, por outro lado, cada pessoa pensa apenas em termos da escolha orientada para o próprio objetivo e não vê nada de errado em supor — ao escolher estratégias — que as ações dos outros são *dadas* (desvinculadas das próprias ações), então a estratégia dominante de comportamento não cooperativo é realmente muito tentadora: "É melhor respectivamente para cada um de nós, dado o que os outros fazem". As duas bases de comportamento alternativas são muito profundas, e ambas têm excelentes razões para sugerir suas respectivas linhas de ação.

Quer se considere que esse dilema deve ser inteiramente resolvido de um modo ou de outro (analogamente à "ordenação completa ponderada"), quer seja ele deixado como um caso de "incompletude" ("não há uma razão imperiosa para seguir nenhuma das linhas de ação") ou considerado um exemplo de "supercompletude" ("existem razões imperiosas para adotar cada uma das duas linhas, mas elas são conflitantes"), é mais importante reconhecer que existe aqui uma genuína ambigüidade quanto ao que a razão verdadeiramente determina.[26] O argumento para aceitar o papel instrumental do comportamento social, que contraria a estratégia dominante de cada pessoa, não é fácil de descartar e absolutamente não está claro por que considerações de racionalidade de grupo desse tipo não poderiam influenciar o comportamento real sem recorrer a "defeitos" no conhecimento das pessoas. Assim, as observações extraídas de jogos experimentais ou da vida real podem não ser tão contrárias à intuição, afinal de contas.

De fato, mesmo Adam Smith salientara a importância ins-

(26) Essa ambigüidade não é um estorvo. De fato, mesmo os resultados reais em situações de Dilema do Prisioneiro variam. O inescapável conflito de dois princípios poderosos dificulta evitar a ambigüidade quanto às exigências de racionalidade.

trumental das "regras de conduta": "Essas regras gerais de conduta, quando se tiverem fixado em nossa mente por reflexão habitual, muito contribuem para corrigir interpretações errôneas do amor-próprio quanto ao que é apropriado fazer em nossa situação específica" (SMITH, 1790, p. 160). Uma complexa ética instrumental permeia essa moralidade social. Em problemas como o da busca de relações industriais, obtenção de produtividade dentro da empresa e vários outros exercícios econômicos, esse tipo de comportamento pode muito bem ser importante.[27]

CONDUTA, ÉTICA E ECONOMIA

Uma das características interessantes que emergem das análises precedentes é que afastamentos das suposições de comportamento tradicionais da teoria econômica — incorpo-

(27) "Utilitaristas indiretos" (especialmente HARSANYI, 1982, 1983, e HARE, 1981, 1982) apresentaram argumentos em favor da inclusão da adesão a regras dentro do próprio cálculo utilitarista, adaptando o formato do "utilitarismo de regras". Essa medida muito contribuiu para ampliar o alcance dos argumentos utilitaristas e para evitar algumas das tolices específicas do utilitarismo baseado em atos (sobre este, ver GIBBARD, 1965). Mas alguns problemas sérios também devem ser ressaltados. Primeiro, o "welfarismo" implícito no "utilitarismo de regras", que é essencialmente um amálgama do "conseqüencialismo de regras" e do "welfarismo", limita o alcance dessa extensão, pois os indivíduos podem não avaliar efetivamente os estados de coisas em termos apenas de informações sobre utilidade. Segundo, o "utilitarismo de regras" de qualquer tipo pode às vezes produzir estados *piores* do que os que teriam emergido em decorrência de raciocínio baseado em atos (a "regra" atuando como uma restrição ineficiente). Os exemplos de casos assim são de fato bem plausíveis (ver LYONS, 1982). A formalização específica de "utilitarismo de regras" por HARSANYI (1977), que depende de uma simetria básica nas posições de diferentes indivíduos, pode ser contraproducente em circunstâncias assimétricas. Nem a adesão geral ao "conseqüencialismo de atos" e ao "conseqüencialismo de regras" pode "funcionar" em todas as circunstâncias — de fato, isso não é possível para nenhum "conseqüencialismo de en-

rando todos os três componentes do comportamento autocentrado — podem originar-se de muitas considerações éticas distintas. Podem incluir bonomia e simpatia por outras pessoas. Também podem existir comprometimentos com várias causas. Adicionalmente, pode existir um comprometimento com padrões de comportamento específicos, cuja violação pode ser considerada intrinsecamente ruim. Mas também podem existir outros padrões de comportamento cuja observância pode não ter origem em nenhuma avaliação intrínseca relacionada ao próprio comportamento, e sim na importância instrumental desse comportamento — para o indivíduo ou para o grupo. Esta última consideração pode ser importante mesmo em alguns casos econômicos típicos de ineficiência provocada por externalidades (ou interdependências alheias ao mercado). Os problemas de incentivo ao lidar com essas externalidades podem ter de ser totalmente reformulados se os afastamentos do comportamento auto-interessado — contendo a violação de qualquer um dos três elementos especificados — puderem ser sistematicamente admitidos na análise econômica.

Preciso parar por aqui. Procurei mostrar que a economia do bem-estar pode ser substancialmente enriquecida atentando-se mais para a ética, e que o estudo da ética também pode beneficiar-se de um contato mais estreito com a economia. Também demonstrei que pode ser vantajoso até mesmo para a economia preditiva e descritiva abrir mais espaço para considerações da economia do bem-estar na determinação do compor-

foque único" (ver SEN, 1979b). Sobre questões afins, ver REGAN (1980) e PARFIT (1984). O que se pode denominar "racionalidade social" requer uma formulação mais paramétrica, atentando mais explicitamente para as circunstâncias sociais contingentes — em especial a natureza da simetria ou assimetria existente nas relações de ações, conseqüências e valorações. Procurei investigar algumas dessas questões em uma monografia que será em breve publicada (com o título provisório de "Racionalidade e sociedade"), pela Harvard University Press e Basil Blackwell.

tamento. Não tentei provar que qualquer um desses exercícios seria particularmente fácil. Eles encerram ambigüidades profundamente arraigadas, e muitos dos problemas são inerentemente complexos. Mas o argumento em favor de aproximar mais a economia da ética não depende da facilidade em consegui-lo. Fundamenta-se, antes, nas recompensas advindas do exercício. Procurei mostrar que as recompensas possivelmente serão imensas.

REFERÊNCIAS BIBLIOGRÁFICAS

ACKERMAN, B. A. *Social justice in the liberal state*. New Haven, Conn., Yale University Press, 1980.

ADELMAN, I. "Development economics — a reassessment of goals". *American Economic Review*, v. 65, 1975.

AHLUWALIA, M. S. "Rural poverty and agricultural performance in India". *Journal of Development Studies*, v. 14, 1978.

AIGNER, D. J. & HEINS, A. J. "A social welfare view of the measurement of income inequality". *Review of Income and Wealth*, v. 13, 1967.

AIZERMAN, M. A. "New problems in the general choice theory: review of a research trend". *Social Choice and Welfare*, v. 2, 1985.

AKERLOF, G. A. "Loyalty filters". *American Economic Review*, v. 73, 1983.

_____. *An economic theorist's book of tales*. Cambridge, University Press, 1984.

AKERLOF, G. A. & DICKENS, W. T. "The economic consequences of cognitive dissonance". *American Economic Review*, v. 72, 1982.

ALDRICH, J. "The dilemma of a Paretian liberal: some consequences of Sen's theorem". *Public Choice*, v. 30, 1977.

ALLAINS, M. "Le comportement de l'homme rationnel devant le risque: critique de postulats et axiomes de l'École Américaine". *Econometrica*, v. 21, 1953.

ALLAINS, M. & HAGEN, O. (eds.). *Expected utility hypothesis and the Arrow paradox*. Dordrecht, Reidel, 1979.

ANAND, S. "Aspects of poverty in Malaysia". *Review of Income and Wealth*, v. 23, 1977.

_____. *Inequality and poverty in Malaysia*. Nova York, Oxford University Press, 1983.

ARCHIBALD, G. C. & DONALDSON, D. "Non-paternalism and the basic theorems of welfare economics". *Canadian Journal of Economics*, v. 9, 1976.

_____. "Notes on economic inequality". *Journal of Public Economics*, v. 12, 1979.

ARISTÓTELES. *The Nichomachean ethics*. Trad. inglesa de ROSS (1980).

_____. *Politics*. Trad. inglesa de BAKER (1958).

ARROW, K. J. *Social choice and individual values*. Nova York, 1951a.

_____. "An extension of the basic theorems of classic welfare economics". In: NEYMAN, J. (ed.). *Proceedings of the Second Berkeley Symposium of Mathematical Statistics*. Berkeley, Calif., University of California Press, 1951b.

_____. "Rational choice functions and orderings". *Economica*, v. 26, 1959.

_____. *Social choice and individual values*, 2ª ed. (ampliada). Nova York, Wiley, 1963.

_____. "Some ordinalist-utilitarian notes on Rawls's theory of justice". *Journal of Philosophy*, v. 70, 1973.

_____. "Extended sympathy and the possibility of social choice". *American Economic Review*, v. 67, 1977.

_____. "Risk perception in psychology and economics". *Economic Inquiry*, v. 20, 1982.

_____. "Behaviour under uncertainty and its implications for policy". In: STIGUM & WENSTOP (1983).

ARROW, K. J. & HAHN, F. H. *General competitive analysis*. San Francisco, Holden-Day, 1971, reeditado, Amsterdam, North-Holland, 1979.

ATKINSON, A. B. "On the measurement of inequality". *Journal of Economic Theory*, v. 2, 1970. (Reimpresso em ATKINSON, 1983.)

_____. *The economics of inequality*. Oxford, Clarendon Press, 1975.

_____. *Social justice and public policy*. Brighton, Wheatsheaf; Cambridge, Mass., MIT Press, 1983.

ATKINSON, A. B. & BOURGUIGNON, F. "The comparison of multidimensional distributions of economic status". *Review of Economic Studies*, v. 49, 1982.

AUMANN, R. J. & KURZS, M. "Power and taxes". *Econometrica*, v. 45, 1977.

AUSTEN-SMITH, D. "Fair rights". *Economic Letters*, v. 4, 1979.

_____. "Restricted Pareto and rights". *Journal of Economic Theory*, v. 26, 1982.

AXELROD, R. "The emergence of cooperation among egoists". *American Political Science Review*, v. 75, 1981.

_____. "The evolution of cooperation". Nova York, Academic Press, 1984.

BACHARACH, M. *A theory of rational decisions in games*. Christ Church, Oxford, 1985, mimeografado.

BAIER, K. "Rationality and morality". *Erkenntnis*, v. 11, 1977.

BAIGENT, N. "Social choice correspondences". *Recherches Economiques de Louvain*, v. 46, 1980.

BARDHAN, P. *Land, labour and rural poverty*. Nova York, Columbia University Press, 1984.

BARKER, E. *The Politics of Aristotle*. Londres, Oxford University Press, 1958.

BARNES, J. "Freedom, rationality and paradox". *Canadian Journal of Philosophy*, v. 10, 1980.

BARRY, B. "Lady Chatterley's lover and Doctor Fischer's Bomb Party: Liberalism, Pareto optimality and the problem of objectionable preferences". In ELSTER & HYLLAND (1986).

BASU, K. "Information and strategy in iterated prisoners' dilemma". *Theory and Decision*, v. 8, 1977.

_____. *Revealed preference of the government*. Cambridge, University Press, 1979.

_____. "The right to give up rights". *Economica*, v. 51, 1984.

BATRA, R. & PATTANAIK, P. K. "On some suggestions for having non-binary social choice functions". *Theory and Decision*, v. 3, 1972.

BAUMOL, W. J. *Welfare economics and the theory of the state*. Cambridge, Mass., Harvard University Press, 1952; 2ª ed., 1966.

BECKER, G. S. *The economic approach to human behaviour*. Chicago, University Press, 1976.

_____. *A treatise on the family*. Cambridge, Mass., Harvard University Press, 1981.

_____. "A theory of competition among pressure groups for political influence". *Quarterly Journal of Economics*, v. 98, 1983.

BELL, D. E. "Regret in decision making under uncertainty". *Operations Research*, v. 30, 1982.

BELL, D. & KRISTOL, I. *The crisis in economic theory*. Nova York, Basic Books, 1981.

BENTZEL, R. "The social significance of income distribution statistics". *Review of Income and Wealth*, v. 16, 1970.

BERGSON, A. "A reformulation of certain aspects of welfare economics". *Quarterly Journal of Economics*, v. 52, 1938.

BERGSTROM, T. "A 'Scandinavian consensus' solution for efficient income distribution among nonmalevolent consumers". *Journal of Economic Theory*, v. 2, 1970.

BERLIN, I. *Concepts and categories*. Oxford, University Press, 1978.

BERNHOLZ, P. "Is a Paretian liberal really impossible?". *Public Choice*, v. 19, 1974.

_____. "A general social dilemma: profitable exchange and intransitive group preferences". *Zeitschrift für Nationalökonomie*, v. 40, 1980.

BEZEMBINDER, Th. & VAN ACKER, P. "Factual versus representational utilities and their interdimensional comparisons". Universidade Católica, Nijmegen, 1986, mimeografado.

BHATTACHARYA, N. & CHATTERJEE, G. S. "A further note on between state variations in levels of living in India". 1977, mimeografado. In: SRINIVASAN & BARDHAN (1986).

BIGMAN, D. *On the measurement of poverty and deprivation*. Universidade Hebraica de Jerusalém, 1986, mimeografado.

BINMORE, K. *Game theory*. Londres, School of Economics, 1984.

BLACKORBY, C. "Degrees of cardinality and aggregate partial ordering". *Econometrica*, v. 43, 1975.

BLACKORBY, C. & DONALDSON, D. "Utility versus equity: some plausible quasiorderings". *Journal of Public Economics*, v. 7, 1977.

_____. "Measures of relative equality and their meanings in terms of social welfare". *Journal of Economic Theory*, v. 18, 1978.

_____. "Ethical indices for the measurement of poverty". *Econometrica*, v. 48, 1980.

_____. "Ethically significant ordinal indexes of relative inequality". *Advances in Econometrics*, v. 3, 1984.

BLACKORBY, C.; DONALDSON, D. & WEYMARK, J. "Social choice with interpersonal utility comparisons: a diagrammatic introduction". *International Economic Review*, v. 25, 1984.

BLAIR, D. H. & POLLAK, R. A. "Rational collective choice". *Scientific American*, v. 249, abril 1983.

BLAU, J. H. "Liberal values and independence". *Review of Economic Studies*, v. 42, 1975.

_____. "Neutrality, monotonicity and the right of veto: a comment". *Econometrica*, v. 44, 1976.

BLAUG, M. *The methodology of economics*. Cambridge, University Press, 1980.

BOADWAY, R. W. & BRUCE, N. *Welfare economics*. Oxford, Blackwell, 1984.

BOHM, P. & KNEESE, A. V. (eds.). *The economics of environment*. Londres, Macmillan, 1971.

BORCH, K. & MOSSIN, J. *Risk and uncertainty*. Londres, Macmillan, 1968.

BOSE, A. *Marxian and post-Marxian political economy*. Harmondsworth, Penguin Books, 1975.

BOURGUIGNON, F. "Decomposable income inequality measures". *Econometrica*, v. 47, 1979.

BRAMS, S. J. *Game theory and politics*. Nova York, Free Press, 1975.

BRENKERT, G. G. *Marx's ethics of freedom*. Londres, Routledge and Kegan Paul, 1983.

BRENNAN, G. & LOMASKY, L. "The impartial spectator goes to Washington: toward a Smithian theory of electoral behavior". *Economics and Philosophy*, v. 1, 1985.

BREYER, F. "The liberal paradox, decisiveness over issues, and domain restrictions". *Zeitschrift für Nationalökonomie*, v. 37, 1977.

BREYER, F. & GARDNER, R. "Liberal paradox, game equilibrium, and Gibbard optimum". *Public Choice*, v. 35, 1980.

BREYER, F. & GIGLIOTTI, G. A. "Empathy and the respect for the right of others". *Zeitschrift für Nationalökonomie*, v. 40, 1980.

BRITTAN, S. *The role and limits of government: essays in political economy*. Londres, Temple Smith, 1983.

BRODER, I. E. & MORRIS, C. T. "Socially weighted real income comparisons: an application to India". *World Development*, 1982.

BROOME, J. "Choice and value in economics". *Oxford Economic Papers*, v. 30, 1978.

_____. "Uncertainty and fairness". *Economic Journal*, v. 94, 1984.

BROWN, D. J. "Aggregation of preferences". *Quarterly Journal of Economics*, v. 89, 1975.

BUCHANAN, A. E. *Marx on justice: the radical critique of liberalism*. Londres, Methuen, 1982.

BUCHANAN, J. M. *The limits of liberty*. Chicago, University Press, 1975.

_____. *Liberty, market and the state*. Brighton, Wheatsheaf Books, 1986.

BUCHANAN, J. M. & TULLOCK, G. *The calculus of consent*. Ann Arbor, University of Michigan Press, 1962.

CALABRESI, G. & BOBBITT, P. *Tragic choices*. Nova York, Norton, 1978.

CAMPBELL, D. E. "Democratic preference functions". *Journal of Economic Theory*, v. 12, 1976.

CAMPBELL, R. & SOWDEN, L. *Paradoxes of rationality and cooperation*. Vancouver, UBC Press, 1985.

CHAKRAVARTY, S. R. "Ethically flexible measures of poverty". *Canadian Journal of Economics*, v. 16, 1983a.

_____. "Measures of poverty based on income gap". *Sankhya*, v. 45, 1983b.

_____. *Capital and development planning*. Cambridge, Mass., MIT Press, 1969.

CHAPMAN, B. "Rights as constraints: Nozick versus Sen". *Theory and Decision*, v. 15, 1983.

CHICHILNISKY, G. "Basic needs and global models: resources, trade and distribution". *Alternatives*, v. 6, 1980.

CHICHILNISKY, G. & HEAL, G. "Necessary and sufficient conditions for a resolution of the social choice paradox". *Journal of Economic Theory*, v. 31, 1983.

CHIPMAN, J. S.; HURWICZ, L.; RICHTER, M. K. & SONNENSCHEIN, H. F. *Preference, utility and demand*. Nova York, Harcourt, 1971.

CLARK, S.; HEMMING, R. & ULPH, D. "On indices for the measurement of poverty". *Economic Journal*, v. 91, 1981.

COHEN, G. A. *Karl Marx's theory of history: a defence*. Oxford, Clarendon Press, 1978.

COLLARD, D. "Edgeworth's propositions on altruism". *Economic Journal*, v. 85, 1975.

_____. *Altruism and economy*. Oxford, Martin Robertson, 1978.

COWELL, F. A. *Measuring inequality*. Nova York, Wiley, 1977.

DABONI, L.; MONTESANO, A. & LINES, M. (eds.). *Recent developments in the foundations of utility and risk theory*. Dordrecht, Reidel, 1986.

DALTON, H. "The measurement of inequality of incomes". *Economic Journal*, v. 30, 1920.

DANIELS, N. (ed.). *Reading Rawls*. Oxford, Blackwell, 1975.

DASGUPTA, A. K. *Epochs of economic theory*. Oxford, Blackwell, 1985.

DASGUPTA, P. *The control of resources*. Oxford, Blackwell, 1982a.

_____. "Utilitarianism, information and rights". 1982b. In: SEN & WILLIAMS (1982).

_____. "Positive freedom, markets and the welfare state". *Oxford Review of Economic Policy*, v. 2, 1986.

DASGUPTA, P. & HEAL, G. *Economic theory and exhaustible resources*. Londres, James Nisbet; Cambridge, University Press, 1979.

DASGUPTA, P.; HAMMOND, P. & MASKIN, E. "The implementation of social choice rules: some general results on incentive compatibility". *Review of Economic Studies*, v. 46, 1979.

DASGUPTA, P.; SEN, A. & STARRET, D. "Notes on the measurement of inequality". *Journal of Economic Theory*, v. 6, 1973.

D'ASPREMONT, C. "Axioms for social welfare orderings". 1985. In: HURWICZ, SCHMEIDLER & SONNENSCHEIN (1985).

D'ASPREMONT, C. & GEVERS, L. "Equity and informational basis of collective choice". *Review of Economic Studies*, v. 44, 1977.

DAVIDSON, D. *Essays on actions and events*. Oxford, Clarendon Press, 1985a.

_____. "A new basis for decision theory". *Theory and Decision*, v. 18, 1985b; também em DABONI, MONTESANO & LINES (1986).

_____. "Judging interpersonal interests". In: ELSTER & HYLLAND (1986).

DAVIDSON, D.; SUPPES, P. & SIEGEL, S. *Decision making: an experimental approach*. Stanford, University Press, 1957.

DAWKINS, R. *The selfish gene*. Oxford, Clarendon Press, 1976.

_____. *The extended phenotype*. Oxford, Clarendon Press, 1982.

DEATON, A. & MUELLBAUER, J. *Economics and consumer behaviour*. Cambridge, University Press, 1980.

DEBREU, G. *Theory of value*. Nova York, Wiley, 1959.

DESCHAMPS, R. & GEVERS, L. "Leximin and utilitarian rules: a joint characterisation". *Journal of Economic Theory*, v. 17, 1978.

DIWAN, R. & LUTZ, M. *Essays in Ghandian economics*. Nova Delhi, Gandhi Peace Foundation, 1985.

DOEL, H. VAN DEN. *Democracy and welfare economics*. Cambridge, University Press, 1979.

DONALDSON, D. & WEIMARK, J. "Properties of fixed-population poverty indices". *International Economic Review*, v. 27, 1986.

DORE, R. "Goodwill and the spirit of market capitalism". *British Journal of Sociology*, v. 34, 1983.

_____. *Authority and benevolence: the Confucian recipe for industrial success*. Oxford, The McCallum Lecture, Pembroke College, 1984.

DOUGLAS, J. *Why charity? The case for a third sector*. Londres, Sage, 1983.

DUMMETT, M. *Voting procedures*. Oxford, Clarendon Press, 1984.

DUTTA, B. "On the measurement of poverty in rural India". *Indian Economic Review*, v. 13, 1978.

_____. "Intersectoral disparities and incomes distribution in India: 1960-61 to 1973-74". *Indian Economic Review*, v. 15, 1980.

DWORKIN, R. *Taking rights seriously*. 2ª ed. Londres, Duckworth, 1978.

_____. "What is equality? Part 1: Equality of welfare; What is equality? Part 2: Equality of resources". *Philosophy and Public Affairs*, v. 10, 1981.

DYKE, C. *Philosophy of economics*. Englewood Cliffs, N.J., Prentice-Hall, 1981.

EBERT, U. *Measurement of inequality: an attempt at unification and generalization*. Trabalho para Discussão A-23, Universidade de Bonn, 1985.

EDGEWORTH, F. *Mathematical psychics: an essay on the application of mathematics to the moral sciences*. Londres, Kegan Paul, 1881.

EICHORN, W. & GEHRIG, W. "Measurement of inequality in economics". In: KORTE, B. (ed.). *Modern applied mathematics: optimization and operations research*. Amsterdam, North-Holland, 1982.

ELSTER, J. *Logic and society*. Nova York, Wiley, 1978.

_____. *Ulysses and the sirens*. Cambridge, University Press, 1979.

_____. *Sour grapes*. Cambridge, University Press, 1983.

_____. *Making sense of Marx*. Cambridge, Cambridge University Press, 1986.

ELSTER, J. & HYLLAND, A. (eds.). *Foundations of social choice theory*. Cambridge, University Press, 1986.

FARREL, M. J. "Liberalism in the theory of social choice". *Review of Economic Studies*, v. 43, 1976.

FEINBERG, J. *Rights, justice and the bounds of liberty*. Princeton, University Press, 1980.

FELDMAN, A. *Welfare economics and social choice theory*. Boston, Martinus Nijhoff, 1980.

FELDMAN, A. & KIRMAN, A. "Fairness and envy". *American Economic Review*, v. 64, 1974.

FEREJOHN, J. A. "The distribution of rights in society". In: GOTTINGER & LEINFELLNER (1978).

FIELDS, G. S. *Poverty, inequality, and development*. Cambridge, University Press, 1980.

FIELDS, G. S. & FEI, J. C. H. "On inequality comparisons". *Econometrica*, v. 46, 1978.

FINE, B. J. "A note on 'Interpersonal aggregation and partial comparability'". *Econometrica*, v. 43, 1975a.

_____. "Individual liberalism in a Paretian society". *Journal of Political Economy*, v. 83, 1975b.

FINNIS, J. *Fundamentals of ethics*. Oxford, Clarendon Press, 1983.

FISHBURN, P. C. *The theory of social choice*. Princeton, University Press, 1973.

_____. "Choice functions on finite sets". *International Economic Review*, v. 15, 1974.

FISHER, F. M. "Income distribution, value judgements and welfare". *Quarterly Journal of Economics*, v. 70, 1956.

FISHER, F. M. & ROTHENBERG, J. "How income ought to be distributed: paradox lost". *Journal of Political Economy*, v. 69, 1961.

FISHKIN, J. S. *Tyranny and legitimacy*. Baltimore, Md., Johns Hopkins University Press, 1979.

_____. *The limits of obligation*. New Haven, Conn., Yale University Press, 1982.

_____. *Justice, equal opportunity and the family*. New Haven, Conn., Yale University Press, 1983.

_____. *Beyond subjective morality*. New Haven, Conn., Yale University Press, 1984.

FISHLOW, A. et al. (eds.). *Rich and poor nations in the world economy*. Nova York, McGraw-Hill, 1978.

FOLEY, D. "Resource allocation in the public sector". *Yale Economic Essays*, v. 7, 1967.

FOOT, P. "Moral realism and moral dilemma". *Journal of Philosophy*, v. 80, 1983.

_____. "Utilitarianism and the virtues". *Mind*, v. 94, 1985.

FOSTER, J. "On economic poverty: a survey of aggregate measures". *Advances in Econometrics*, v. 3, 1984.

_____. "Inequality measurement". In: YOUNG (1986).

FOSTER, J.; GREER, J. & THORBECKE, E. "A class of decomposable poverty measures". *Econometrica*, v. 42, 1984.

FOUNTAIN, J. "Bowley's analysis of bilateral monopoly and Sen's liberal paradox in collective choice theory: a note". *Quarterly Journal of Economics*, v. 95, 1980.

FRANK, R. H. *Choosing the right pond*. Nova York, Oxford University Press, 1985.

FRANKFURT, H. "Freedom of the will and the concept of a person". *Journal of Philosophy*, v. 67, 1971.

FREY, B. S. *Democratic economic policy*. Oxford, Martin Robertson, 1983.

FRIED, C. *Right and wrong*. Cambridge, Mass., Harvard University Press, 1978.

FRIEDMAN, M. *Essays in positive economics*. Chicago, University Press, 1953.

FRIEDMAN, M. & FRIEDMAN, R. *Free to choose*. Londres, Secker & Warburg, 1980.

FROHLICK, H. & OPPENHEIMER, J. A. "Beyond economic man". *Journal of Conflict Resolution*, v. 28, 1984.

GAERTNER, W. "Justice constrained libertarian claims and Pareto efficient collective decisions". *Erkenntnis*, v. 23, 1985.

_____. "Pareto, independent rights exercising and strategic behaviour". *Journal of Economics: Zeitschrift für Nationalökonomie*, v. 46, 1986.

GAERTNER, W. & KRÜGER, L. "Self-supporting preferences and individual rights: the possibility of Paretian liberalism". *Economica*, v. 48, 1981.

_____. "Alternative libertarian claims and Sen's paradox". *Theory and Decision*, v. 15, 1983.

GARCIA. J. L. A. "Evaluator relativity and the theory of value". *Mind*, v. 95, 1986.

GÄRDENFORS, P. "Rights, games and social choice". *Nous*, v. 15, 1981.

GARDNER, R. "The strategic inconsistency of Paretian liberalism". *Public Choice*, v. 35, 1980.

GAUTHIER, D. *Morals by agreement*. Oxford, Clarendon Press, 1986.

GEORGE, D. "Meta-preferences: reconsidering contemporary notions of free choice". In: O'BRIEN, J. C. (ed.). *Festschrift in honor of George F. Rohrlich*, v. III. Bradford, MCB University Press, 1984.

GEVERS, L. "On interpersonal comparability and social welfare orderings". *Econometrica*, v. 47, 1979.

GIBBARD, A. "Rule utilitarianism: a merely illusory alternative?". *Australasian Journal of Philosophy*, v. 93, 1965.

_____. "Manipulation of voting schemes: a general result". *Econometrica*, v. 41, 1973.

_____. "A Pareto-consistent libertarian claim". *Journal of Economic Theory*, v. 7, 1974.

_____. "Interpersonal comparisons: preference, good, and the intrinsic reward of a life". In: ELSTER & HYLLAND (1986).

GILBERT, M. "Agreements, conventions, and language". *Synthese*, 1983.

GOODIN, R. E. *Protecting the vulnerable*. Chicago, University Press, 1985.

_____. "Laundering preferences". In: ELSTER & HYLLAND (1986).

GORMAN, W. M. "The intransitivity of certain criteria used in welfare economics". *Oxford Economic Papers*, v. 7, 1955.

_____. "The demand for related goods". *Journal Paper J3129*, Iowa Experimental Station, Ames, IA, 1956.

_____. "Tricks with utility function". In: ARTIS, M. J. & NOBAY, A. R. (eds.). *Essays in economic analysis*. Cambridge, University Press, 1976.

GOSLING, J. C. B. *Pleasure and desire*. Oxford, Clarendon Press, 1969.

GOTTINGER, H. W. & LEINFELLNER, W. (eds.). *Decision theory and social ethics*. Dordrecht, Reidel, 1978.

GRAAFF, J. de V. *Theoretical welfare economics*. Cambridge, University Press, 1957.

_____. "Equity and efficiency as components of general welfare". *South African Journal of Economics*, v. 45, 1977.

_____. "Normative measurement theory". 1985.

GRANT, J. P. *Disparity reduction rates in social indicators*. Washington, D.C., Overseas Development Council, 1978.

GREEN, E. T. "Libertarian aggregation of preferences: what the 'Coase theorem' might have said". Social Science Working Paper 315, California Institute of Technology, 1980.

GREEN, J. & LAFFONT, J.-J. *Incentives in public decision making*. Amsterdam, North-Holland, 1979.

GRIFFIN, J. "Modern utilitarianism". *Revue Internationale de Philosophie*, v. 36, 1982.

_____. *Well-being*. Oxford, Clarendon Press, 1986.

GRIFFIN, K. *Land concentration and rural poverty*. Londres, Macmillan, 1976.

GROSSBARD, A. "The economics of polygamy". In: SIMON, J. & DAVANZO, J. (eds.). *Research in population economy*, v. 2. Greenwich, Conn., JAI Press, 1980.

GROVES, T. & LEDYARD, J. "Optimal allocation of public goods: a solution to the 'free rider' problem". *Econometrica*, v. 46, 1977.

GUHA, A. S. "Neutrality, monotonicity and the right of veto". *Econometrica*, v. 40, 1972.

_____. *An evolutionary view of economic growth*. Oxford, Clarendon Press, 1981.

HAHN, F. "On some difficulties of the utilitarian economist". In: SEN & WILLIAMS (1982).

HAHN, F. & HOLLIS, M. (eds.). *Philosophy and economic theory*. Oxford, University Press, 1979.

HAKSAR, V. *Equality, liberty and perfectionism.* Oxford, Clarendon Press, 1979.

HAMADA, K. & TAKAYAMA, N. "Censored income distributions and the measurement of poverty". *Bulletin of International Statistical Institute*, v. 47, 1978.

HAMMOND, P. J. "Equity, Arrow's conditions, and Rawls' difference principle". *Econometrica*, v. 44, 1976a.

_____. "Why ethical measures of inequality need interpersonal comparisons". *Theory and Decision*, v. 7, 1976b.

_____. "Dual interpersonal comparisons of utility and the welfare economics of income distribution". *Journal of Public Economics*, v. 6, 1977.

_____. "Economic welfare with rank order price weighting". *Review of Economic Studies*, v. 45, 1978.

_____. "Liberalism, independent rights and the Pareto principle". In: COHEN, J. (ed.). *Proceedings of the 6th International Congress of Logic, Methodology and Philosophy of Science*. Dordrecht, Reidel, 1981.

_____. "Utilitarianism, uncertainty and information". In: SEN & WILLIAMS (1982).

_____. "Consequentialist social norms for public decisions". In: HELLER, W.; STARR, D. & STARRET, R. (1986).

HAMPSHIRE, S. "Morality and convention". In: SEN & WILLIAMS (1982).

HANSSON, B. "Choice structures and preference relations". *Synthese*, v. 18, 1968.

_____. "The measurement of social inequality". In: BUTTS, R. & HINTIKKA, J. (eds.). *Logic, methodology and philosophy of science*. Dordrecht, Reidel, 1977.

HARDIN, R. *Collective action.* Baltimore, Md., Johns Hopkins University Press, 1982.

_____. "Rational choice theories". Mimeografado. Publicado em BALL, T. (ed.). *Social and political inquiry*, 1985.

HARE, R. M. *The language of morals*. 2ª ed., 1961. Oxford, Clarendon Press, 1952.

_____. *Freedom and reason*. Oxford, Clarendon Press, 1963.

_____. *Moral thinking: its levels, methods and point.* Oxford, Clarendon Press, 1981.

_____. "Ethical theory and utilitarianism". In: SEN & WILLIAMS (1982).

HARRISON, R. (ed.). *Rational action.* Cambridge, University Press, 1979.

_____. *Bentham.* Londres, Routledge, 1983.

HARSANYI, J. C. "Cardinal welfare, individualistic ethics, and interpersonal comparisons of utility". *Journal of Political Economy*, v. 63, 1955.

HARSANYI, J. C. *Essays in ethics, social behaviour and scientific explanation*. Dordrecht, Reidel, 1976.

_____. *Rational behaviour and bargaining equilibrium in games and social situations*. Cambridge, University Press, 1977.

_____. "Morality and the theory of rational behaviour". In: SEN & WILLIAMS (1982).

_____. *Rule utilitarianism, equality and justice*. Working Paper CP-438, Center for Research in Management Science, University of California at Berkeley, 1983.

HAYEK, F. A. *The constitution of liberty*. Londres, Routledge, 1960.

_____. *Studies in philosophy, politics and economics*. Londres, Routledge, 1967.

HELLER, W.; STARR, R. & STARRET, D. (eds.). *Social choice and public decision making: essays in honor of K. J. Arrow*, v. 1. Cambridge, University Press, 1986.

HELM, D. "Predictions and causes: a comparison of Friedman and Hicks on methods". *Oxford Economic Papers*, v. 36, 1984.

_____. *Enforced maximization*. Tese de doutoramento em filosofia, 1985. Clarendon Press, Oxford.

_____. "The assessment: the economic boarders of the state". *Oxford Review of Economic Policy*, v. 2, 1986.

HERZBERGER, H. "Ordinal preference and rational choice". *Econometrica*, v. 41, 1973.

HICKS, J. R. *Value and capital*. Oxford, Clarendon Press, 1939.

_____. "A manifesto". In: HICKS, J. R. *Essays in world economics*. Oxford, Clarendon Press, 1959. Reimpresso em HICKS (1981).

_____. *A theory of economic history*. Oxford, Clarendon Press, 1969.

_____. "Preference and welfare". In: MITRA (1974).

_____. *Wealth and welfare*. Oxford, Blackwell, 1981.

_____. "A discipline not a science". In: HICKS, J. R. (ed.). *Classics and moderns*. Oxford, Blackwell, 1983.

HINDESS, B. "Rational choice theory and the analysis of political action". *Economy and Society*, v. 13, 1983.

HIRSCH, F. *Social limits to growth*. Londres, Routledge, 1977.

HIRSHLEIFER, J. "Economics from a biological viewpoint". *Journal of Law and Economics*, v. 20, 1977.

_____. "The expanding domain of economics". *American Economic Review*, v. 75, 1985.

HIRSCHMAN, A. O. *Exit, voice and loyalty*. Cambridge, Mass., Harvard University Press, 1970.

HIRSCHMAN, A. O. *The passions and the interests: political arguments for capitalism before its triumph*. Princeton, University Press, 1977.

_____. *Shifting involvements*. Princeton, University Press, 1982.

_____. "Against parsimony: three easy ways of complicating some categories of economic discourse". *American Economic Review*, v. 74, 1984. Versão resumida de HIRSCHMAN (1985).

_____. "Against parsimony: three easy ways of complicating some categories of economic discourse". *Economics and Philosophy*, v. 7, 1985. Texto completo.

HOLLANDER, S. *The economics of Adam Smith*. Toronto, 1973.

HOLLIS, M. "Rational man and social science". In: HARRISON (1979).

_____. "Economic man and the original sin". *Political Studies*, v. 29, 1981.

HOLLIS, M. & NELL, E. J. *Rational economic man*. Cambridge, University Press, 1975.

HONDERICH, T. (ed.). *Morality and objectivity: a tribute to J. L. Mackie*. Londres, Routledge & Kegan Paul, 1985.

HURLEY, S. L. "Objectivity and disagreements". 1985a. In: HONDERICH (1985).

_____. "Supervenience and the possibility of coherence". *Mind*, v. 94, 1985b.

HURWICZ, L.; SCHMEIDLER, D. & SONNENSCHEIN, H. (eds.). *Social goals and social organisation: essays in memory of Elisha Pazner*. Cambridge, University Press, 1985.

HYLLAND, A. "The purpose and significance of social choice theory: some general remarks and application to the 'Lady Chatterley problem'". In: ELSTER & HYLLAND (1986).

JAMES, S. "The duty to relieve suffering". *Ethics*, v. 93, 1982.

JEFFREY, R. C. "On interpersonal utility theory". *Journal of Philosophy*, v. 68, 1971.

_____. "Preferences among preferences". *Journal of Philosophy*, v. 71, 1974.

JORGENSON, D. W.; LAU, L. J. & STOKER, T. M. "Welfare comparison under exact aggregation". *American Economic Review*, v. 70, 1980.

JORGENSON, D. W. & SLESNICK, D. T. "Inequality in the distribution of individual welfare". *Advances in Econometrics*, v. 3, 1984a.

_____. "Aggregate consumer behaviour and the measurement of inequality". *Review of Economic Studies*, v. 51, 1984b.

_____. *Redistribution policy and the elimination of poverty*. Trabalho para discussão. Harvard Institute for Economic Research, 1986.

KAHNEMAN, D. & TVERSKY, A. "Prospect theory: an analysis of decisions under risk". *Econometrica*, v. 47, 1979.

KAHNEMAN, D.; SLOVIK, P. & TVERSKY, A. *Judgement under uncertainty: heuristics and biases*. Cambridge, University Press, 1982.

KAKWANI, N. "On a class of poverty measures". *Econometrica*, v. 48, 1980a.

KAKWANI, N. *Income inequality and poverty*. Nova York, Oxford University Press, 1980b.

_____. "Welfare measures: an international comparison". *Journal of Development Economics*, v. 8, 1981.

_____. *Analysing redistribution policies*. Cambridge, University Press, 1986.

KALDOR, N. "Welfare propositions in economics". *Economic Journal*, v. 49, 1939.

KANBUR, S. M. (Ravi) & STROMBERG, J. O. "Income transitions and income distribution dominance". *Journal of Economic Theory*, 1986.

KANEKO, M. "On interpersonal utility comparisons". *Social Choice and Welfare*, v. 1, 1984.

KANGER, S. *New foundations for ethical theory*. Parte I. Estocolmo, 1957.

_____. *Human rights and their realization*. Uppsala, Department of Philosophy, University of Uppsala, 1981.

_____. "Law and logic". *Theoria*, v. 38, 1972.

_____. *Choice based on preference*. University of Uppsala, 1976, mimeografado.

_____. "On realization of human rights". *Acta Philosophica Fennica*, v. 38, 1985.

KANGER, S. & KANGER, H. "Rights and parliamentarianism". *Theoria*, v. 32, 1966.

KARNI, E. "Collective rationality, unanimity and liberal ethics". *Review of Economic Studies*, v. 45, 1978.

KEENEY, R. L. & RAIFFA, H. *Decisions with multiple objectives*. Nova York, Wiley, 1976.

KELLY, J. S. "The impossibility of a just liberal". *Economica*, v. 43, 1976a.

_____. "Rights-exercising and a Pareto-consistent libertarian claim". *Journal of Economic Theory*, v. 13, 1976b.

_____. *Arrow impossibility theorems*. Nova York, Academic Press, 1978.

KELSEY, D. "The liberal paradox: a generalization". *Social Choice and Welfare*, v. 1, 1985.

KERN, L. "Comparative distribution ethics: an extension of Sen's examination of the pure distribution problem". In: GOTTINGER & LEINFELLNER (1978).

KOLM, S. Ch. "The optimum production of social justice". 1969. In: MARGOLIS & GUITTON (1969).

_____. "Unequal inequalities". *Journal of Economic Theory*, v. 12, 1976.

KORNAI, J. *Anti-equilibrium*. Amsterdam, North-Holland, 1971.

_____. *Contradictions and dilemmas*. Cambridge, Mass., MIT Press, 1985.

KÖRNER, S. (ed.). *Practical reason*. Oxford, Blackwell, 1974.

KREPS, D.; MILGROM, P.; ROBERTS, J. & WILSON, R. "Rational cooperation in finitely repeated prisoner's dilemma". *Journal of Economic Theory*, v. 27, 1982.

KRISHNA RAO, M. V. *Studies in Kautilya*. Nova Delhi, Munshiram Manoharlal, 1979.

KRÜGER, L. & GAERTNER, W. "Alternative libertarian claims and Sen's paradox". *Theory and Decision*, v. 15, 1983.

KUNDU, A. & SMITH, T. E. "An impossibility theorem on poverty indices". *International Economic Review*, v. 24, 1983.

KYNCH, J. & SEN, A. "Indian women: well-being and survival". *Cambridge Journal of Economics*, v. 7, 1983.

LAFFONT, J.-J. (ed.). *Aggregation and revealed preferences*. Amsterdam, North-Holland, 1979.

LANCASTER, K. J. "A new approach to consumer theory". *Journal of Political Economy*, v. 74, 1966.

_____. *Consumer demand: a new approach*. Nova York, Columbia University Press, 1971.

LATSIS, S. J. (ed.). *Method and appraisal in economics*. Cambridge, University Press, 1976.

LAVE, L. B. "An empirical approach to the prisoner's dilemma game". *Quarterly Journal of Economics*, v. 76, 1962.

LE BRETON, M.; TRANNOY, A. & URIARTE, J. R. "Topological aggregation of inequality preorders". *Social Choice and Welfare*, v. 2, 1985.

LE GRAND, J. "Equity as an economic objective". *Journal of Applied Philosophy*, v. 1, 1984.

LEIBENSTEIN, H. *Beyond economic man*. Cambridge, Mass., Harvard University Press, 1976.

LEMMON, E. J. "Moral dilemmas". *Philosophical Review*, v. 71, 1962.

LEVI, I. "On indeterminate probabilities". *Journal of Philosophy*, v. 71, 1974.

_____. "Liberty and welfare". In: SEN & WILLIAMS (1982).

_____. *Hard choices*. Cambridge, University Press, 1986a.

_____. "The paradoxes of Allais and Ellsberg". *Economics and Philosophy*, v. 2, 1986b.

LEWIS, D. *Convention: a philosophical study*. Cambridge, Mass., Harvard University Press, 1969.

LINDAHL, L. *Position and change*. Dordrecht, Reidel, 1977.

LINDBECK, A. "Redistribution policies and the expansion of the public sector". *Journal of Public Economics*, v. 28, 1985.

_____. "Stabilization policies in open economies with endogenous politicians". *American Economic Review*, v. 66, 1986.

LIPTON, M. "A problem in poverty measurement". *Mathematical Social Sciences*, v. 10, 1985.

LITTLE, I. M. D. *A critique of welfare economics*. 2ª ed. Oxford, Clarendon Press, 1957.

LOOMES, G. & SUGDEN, R. "Regret theory: an alternative theory of rational choice". *Economic Journal*, v. 92, 1982.

LUCE, R. D. & RAIFFA, H. *Games and decisions*. Nova York, Wiley, 1957.

LUKES, S. *Marxism and morality*. Oxford, Clarendon Press, 1985.

LYONS, D. "Utility and rights". *Nomos*, v. 24, 1982.

MAASOUMI, E. "The measurement and decomposition of multidimensional inequality". *Econometrica*, v. 54, 1986.

MacCRIMMON, K. R. "Descriptive and normative implications of decision theory postulates". In: BORCH & MOSSIN (1968).

MACHINA, M. "'Rational' decision making vs. 'rational' decision modelling". *Journal of Mathematical Psychology*, v. 24, 1981.

MACKIE, J. L. *Ethics: inventing right and wrong*. Harmondsworth, Penguin, 1978.

_____. "The combination of partially-ordered preferences". In: MACKIE, J. L. *Persons and values*. Oxford, Clarendon Press, 1986.

MAJUMDAR, T. "The rationality of changing choice". *Analyse und Kritik*, v. 2, 1980.

_____. *Investment in education and social choice*. Cambridge, University Press, 1983.

MÄLER, K.-G. *Environmental economics: a theoretical enquiry*. Baltimore, Johns Hopkins University Press, 1974.

MALINVAUD, E. "The analogy between atemporal and intertemporal theories of resource allocation". *Review of Economic Studies*, v. 28, 1961.

MARCUS, R. B. "Moral dilemmas and consistency". *Journal of Philosophy*, v. 77, 1980.

MARGLIN, S. A. "The social rate of discount and the optimal rate of investment". *Quarterly Journal of Economics*, v. 77, 1963.

MARGOLIS, H. *Selfishness, altruism and rationality*. Cambridge, Cambridge University Press, 1982.

MARGOLIS, J. & GUITTON, H. (eds.). *Public economics*. Londres, Macmillan, 1969.

MARX, K. *On the Jewish question*. 1843. Tradução inglesa em McLELLAN (1977).

_____. *The economic and philosophic manuscript of 1844*. Tradução inglesa. Londres, Lawrence & Wishart, 1844.

_____. *Critique of the Gotha Programme*, 1875. Tradução inglesa. Nova York, International Publishers, 1938.

_____. *Capital: a critical analysis of capitalist production*. 3ª ed., 1883. Tradução inglesa. Londres, Sonnenschein, 1887.

MARX, K. & ENGELS, F. *The German ideology*. 1845-6. Tradução inglesa. Nova York, International Publishers, 1947.
MASKIN, E. "A theorem on utilitarianism". *Review of Economic Studies*, v. 45, 1978.
MATTHEWS, R. C. O. "Morality, competition and efficiency". *Manchester School*, 1981.
_____. "Darwinism and economic change". *Oxford Economic Papers*, v. 36, 1984.
MAYNARD SMITH, J. *Evolution and the theory of games*. Cambridge, University Press, 1982.
MCCLENNEN, E. F. "Sure thing doubts". In: STIGUM & WENSTOP (1983).
MCCLOSKEY, D. N. *The rethoric of economics*. Madison, University of Wisconsin Press, 1985.
MCDOWELL, J. "Noncognitivism and rule-following". In: HOLTZMAN, S. H. & LEICH, C. M. (eds.). *Wittgenstein: to follow a rule*. Londres, Routledge & Kegan Paul, 1981.
_____. "Values and secondary qualities". In: HONDERICH (1985).
MCKENZIE, L. "On the existence of general equilibrium for a competitive market". *Econometrica*, v. 27, 1959.
MCLEAN, I. "Liberty, equality and the Pareto principle". *Analysis*, v. 40, 1980.
MCLELLAN, D. *Karl Marx: selected writings*. Oxford, University Press, 1977.
MCMURRIN, S. (ed.). *Tanner Lectures on Human Values*, v. I. Cambridge, University Press, 1980.
MCPHERSON, M. S. "Mill's moral theory and the problem of preference change". *Ethics*, 1982.
_____. "Economics: on Hirschman, Schelling and Sen". *Partisan Review*, v. 41, 1984.
MEADE, J. E. *The just economy*. Londres, Allen and Unwin, 1976.
MEHRAN, F. "Linear measures of economic equality". *Econometrica*, v. 44, 1976.
MILL, J. S. *On liberty*, 1859. Reimpressão. Harmondsworth, Penguin, 1974.
_____. *Utilitarianism*. 1861. Reimpressão. Londres, Collins/Fontana, 1962.
MIRRLEES, J. A. "The economic uses of utilitarianism". 1982. In: SEN & WILLIAMS, 1982.
MITRA, A. (ed.). *Economic theory and planning: essays in honour of A. K. Dasgupta*. Calcutá, Oxford University Press, 1974.
MOOKHER JEE, D. & SHORROCKS, A. "A decomposition analysis of the trends in UK income inequality". *Economic Journal*, v. 92, 1982.
MORISHIMA, M. *Equilibrium, stability and growth*. Oxford, Clarendon Press, 1964.

MORISHIMA, M. *Why has Japan "succeeded"? Western technology Japanese ethos*. Cambridge, University Press, 1982.

MORRIS, M. D. *Measuring the conditions of the world's poor*. Oxford, Pergamon, 1979.

MOULIN, H. *The strategy of social choice*. Amsterdam, North-Holland, 1983.

MUELLBAUER, J. "Inequality measures, prices, and household composition". *Review of Economic Studies*, v. 41, 1974.

_____. "Distributional aspects of price comparisons". In: STONE, R. & PETERSON, W. (eds.). *Economic contributions to public policy*. Londres, Macmillan, 1978.

MUELLER, D. C. *Public choice*. Cambridge, University Press, 1979.

MUSGRAVE, R. A. *The theory of public finance*. Nova York, McGraw-Hill, 1959.

MYERSON, R. B. "Utilitarianism, egalitarianism and the timing effect in social choice problems". *Econometrica*, v. 49, 1983.

NAGEL, T. *The possibility of altruism*. Oxford, Clarendon Press, 1970.

_____. *Mortal questions*. Cambridge, University Press, 1979.

_____. "The limits of objectivity". In: MCMURRIM (1980).

_____. *The view from nowhere*. Oxford, Clarendon Press, 1986.

NELSON, R. R. & WINTER, S. G. *An evolutionary theory of economic change*. Cambridge, Mass., Harvard University Press, 1982.

NEWBERY, D. M. G. "A theorem on the measurement of inequality". *Journal of Economic Theory*, v. 2, 1970.

NG, Y-K. "The possibility of a Paretian liberal: impossibility theorems and cardinal utility". *Journal of Political Economy*, v. 79, 1971.

_____. *Welfare economics*. Londres, Macmillan, 1979.

_____. "Welfarism: a defence against Sen's atack". *Economic Journal*, v. 91, 1981.

NITZAN, S. & PAROUSH, J. *Collective decision making: an economic outlook*. Cambridge, University Press, 1985.

NOZICK, R. "Distributive justice". *Philosophy and Public Affairs*, v. 3, 1973.

_____. *Anarchy, state and utopia*. Oxford, Blackwell, 1974.

_____. "Interpersonal utility theory". *Social Choice and Welfare*, v. 2, 1985.

NUSSBAUM, M. C. "Plato on commensurability and desire". *Proceedings of the Aristotelian Society*, v. 85, 1984.

_____. "Aeschylus and practical conflict". *Ethics*, v. 95, 1985.

_____. *The fragility of goodness: luck and ethics in Greek tragedy and philosophy*. Cambridge, University Press, 1986a.

_____. *The therapy of desire*. The Martin Classical Lectures, 1986b.

_____. *Nature, function and capability: Aristotle on political distribution*. Brown University, 1986c, mimeografado.

NYGARD, F. & SANDSTROM, A. *Measuring income inequality*. Estocolmo, Almqvist and Wiksell International, 1981.

OLSON, M. *The logic of collective action*. Cambridge, Mass., Harvard University Press, 1965.

O'NEILL, O. *Faces of hunger*. Londres, Allen & Unwin, 1986.

OSMANI, S. R. *Economic inequality and group welfare*. Oxford, Clarendon Press, 1982.

PARFIT, D. *Reasons and persons*. Oxford, Clarendon Press, 1984.

PATTANAIK, P. K. *Voting and collective choice*. Cambridge, University Press, 1971.

_____. *Strategy and group choice*. Amsterdam, North-Holland, 1978.

_____. "A note on the 'rationality of becoming' and revealed preference". *Analyse und Kritik*, v. 2, 1980.

PATTANAIK, P. K. & SALLES, M. (eds.). *Social choice and welfare*. Amsterdam, North-Holland, 1983.

PAUL, E. F.; MILLER, F. D. & PAUL, J. (eds.). *Ethics and economics*. Oxford, Blackwell, 1985.

PAZNER, E. A. & SCHMEIDLER, D. "A difficulty in the concept of fairness". *Review of Economic Studies*, v. 41, 1974.

PEACOCK, A. T. & ROWLEY, C. K. "Welfare economics and the public regulation of natural monopoly". *Journal of Political Economy*, v. 80, 1972.

PELEG, B. *Game theoretic analysis of voting in committees*. Cambridge, University Press, 1984.

PEN, J. *Income distribution: facts, theories, policies*. Nova York, Praeger, 1971.

PERELLI-MINETTI, C. R. "Nozick on Sen: a misunderstanding". *Theory and Decision*, v. 8, 1977.

PETTIT, P. *Judging justice: an introduction to contemporary political philosophy*. Londres, Routledge, 1980.

PHELPS, E. S. (ed.). *Economic justice*. Harmondsworth, Penguin Books, 1973.

PHELPS, E. S. "Recent developments in welfare economics: justice et équité". In: INTRILIGATOR, M. D. (ed.). *Frontiers of quantitative economics*, v. 3. Amsterdam, North-Holland, 1977. Reimpresso em PHELPS, E. S., *Studies in macroeconomic theory*, v. 2. Nova York, Academic Press.

PIGOU, A. C. *The economics of welfare*. 4ª ed. Londres, Macmillan, 1952.

PITT, J. C. (ed.). *Philosophy in economics*. Dordrecht, Reidel, 1981.

PLOTT, C. R. "Axiomatic social choice theory: an overview and interpretation". *Journal of Political Science*, v. 20, 1976.

POLLAK, R. A. "Bergson-Samuelson social welfare functions and the theory of social choice". *Quarterly Journal of Economics*, v. 93, 1979.

POSNER, R. A. *The economic analysis of law*. Boston, Little, Brown, 1977.

POSNER, R. A. "A theory of primitive society with special reference to law". *Journal of Law and Economics*, v. 23, 1980.

PUTTERMAN, L. "On optimality of collective institutional choice". *Journal of Comparative Economics*, v. 5, 1981.

_____. *Peasants, collectives, and choice*. Greenwich, Conn., JAI Press, 1986.

PYATT, G. "On the interpretation and disaggregation of Gini coefficients". *Economic Journal*, v. 86, 1976.

_____. *Measuring welfare, poverty and inequality*. Washington, D.C., Development Research Department, World Bank, 1985, mimeografado.

RADNER, R. "Collusive behaviour in non-cooperative epsilon-equilibria of oligopolies with long but finite lives". *Journal of Economic Theory*, v. 22, 1980.

RADNITSKY, G. & BERNHOLZ, P. (eds.). *Economic imperialism: the economic approach applied outside the traditional areas of economics*. Nova York, Paragon House, 1985.

RAE, D. *Equalities*. Cambridge, Mass., Harvard University Press, 1981.

RAMASWAMY, T. N. *Essentials of Indian statecraft*. Londres, Asia Publishing House, 1962.

RAMSEY, F. P. *Foundations of mathematics and other logical essays*. Londres, Kegan Paul, 1931.

RAPHAEL, D. D. *Adam Smith*. Oxford, University Press, 1985.

RAPHAEL, D. D. & MACFIE, A. L. "Introdução" a SMITH, A., *The theory of moral sentiments*. Oxford, Clarendon Press, 1976.

RAPOPORT, A. & CHAMMAH, A. M. *Prisoner's dilemma: a study in conflict and cooperation*. Ann Arbor, University of Michigan Press, 1965.

RAWLS, J. *A theory of justice*. Cambridge, Mass., Harvard University Press, 1971.

_____. "Kantian constructivism in moral theory: the Dewey Lectures 1980". *Journal of Philosophy*, v. 77, 1980.

_____. "Social unity and primary goods". In: SEN & WILLIAMS (1982).

_____. "Justice as fairness: political not metaphysical". *Philosophy and Public Affairs*, v. 14, 1985.

RAZ, J. *The morality of freedom*. Oxford, Clarendon Press, 1986.

REGAN, D. H. *Utilitarianism and co-operation*. Oxford, Clarendon Press, 1980.

_____. "Against evaluator relativity: a response to Sen". *Philosophical Public Affairs*, v. 12, 1983.

RICHTER, M. K. "Rational choice". 1971. In: CHIPMAN, RICHTER, HURWICZ & SONNENSCHEIN (1971).

RILLEY, J. *Liberal utilitarianism: social choice theory and J. S. Mill's philosophy*. Cambridge, University Press, 1986.

ROBBINS, L. *An essay on the nature and significance of economic science*. 2ª ed. Londres, Macmillan, 1935.
_____. "Interpersonal comparisons of utility". *Economic Journal*, v. 48, 1938.
ROBERTS, K. W. S. "Interpersonal comparability and social choice theory". *Review of Economic Studies*, v. 47, 1980a.
_____. "Price independent welfare prescriptions". *Journal of Public Economics*, v. 13, 1980b.
ROBINSON, J. *Economic philosopy*. Londres, Watts, 1962.
ROEMER, J. *A general theory of exploitation and class*. Cambridge, Mass., Harvard University Press, 1982.
_____. "Should Marxists be interested in exploitation?". *Philosophy and Public Affairs*, v. 14, 1985a.
_____. "Equality of talent". *Economics and Philosophy*, v. 1, 1985b.
_____. "Equality of resources implies equality of welfare". *Quarterly Journal of Economics*, 1986a.
_____. (1986b). "An historical materialist alternative to welfarism". In: ELSTER & HYLLAND (1986).
ROSE-ACKERMAN, S. *Corruption: a study in political economy*. Nova York, Academic Press, 1978.
ROSENBERG, N. "Adam Smith and the stock of moral capital". Stanford University, 1984, mimeografado.
ROSS, D. (ed.). *Aristotle: the Nichomachean ethics*. Oxford, University Press, 1980.
ROTHSCHILD, M. & STIGLITZ, J. "Some further results in the measurement of inequality". *Journal of Economic Theory*, v. 6, 1973.
ROWLEY, C. K. & PEACOCK, A. T. *Welfare economics: a liberal restatement*. Londres, Martin Robertson, 1975.
RUBEINSTEIN, A. *The single profile analogues to multiple profile theorems: mathematical logic's approach*. Murray Hill, Bell Laboratories, 1981, mimeografado.
SAMUELSON, P. A. *Foundations of economic analysis*. Cambridge, Mass., Harvard University Press, 1947.
_____. "Evaluation of real national income". *Oxford Economic Papers*, v. 2, 1950.
SANDEL, M. J. *Liberalism and the limits of justice*. Cambridge, University Press, 1982.
SARTRE, J.-P. *Existencialisme est un humanisme*. Paris, 1946.
SATTERTHWAITE, M. A. "Strategy-proofness and Arrow's conditions: existence and correspondence theorems for voting procedures and social welfare functions". *Journal of Economic Theory*, v. 10, 1975.

SCANLON, T. M. "Preference and urgency". *Journal of Philosophy*, v. 72, 1975.

_____. "Contractualism and utilitarianism". In: SEN & WILLIAMS (1982).

SCHEFFLER, S. *The rejection of consequentialism*. Oxford, Clarendon Press, 1982.

SCHELLING, T. C. *Micromotives and macrobehavior*. Nova York, Norton, 1978.

_____. "The intimate contest for self-command". *Public Interest*, v. 60, 1980.

_____. "Self-command in practice, in policy, and in a theory of rational choice". *American Economic Review*, v. 74, 1984.

SCHICK, F. *Having reasons: an essay on rationality and sociality*. Princeton, University Press, 1984.

SCHMEIDLER, D. & SONNENSCHEIN, H. "Two proofs of the Gibbard-Satterthwaite theorem on the possibility of a strategy-proof social choice function". In: GOTTINGER & LEINFELLNER (1978).

SCHMEIDLER, D. & VIND, K. "Fair net trades". *Econometrica*, v. 40, 1972.

SCHOTTER, A. *The economic theory of social institutions*. Cambridge, University Press, 1981.

_____. *Free market economics: a critical appraisal*. Nova York, St. Martin's Press, 1985.

SCHWARTZ, T. "On the possibility of rational policy evaluation". *Theory and Decision*, v. 1, 1970.

_____. "Choice functions, 'rationality' conditions, and variations of the weak axiom of revealed preference". *Journal of Economic Theory*, v. 13, 1976.

_____. "The universal instability theorem". *Public Choice*, v. 37, 1981.

_____. "Human welfare: what it is not". In: MILLER, H. & WILLIAMS, W. (eds.). *The limits of utilitarianism*. Minneapolis, University of Minnesota Press, 1982.

_____. *The logic of collective choice*. Nova York, Columbia University Press, 1986.

SCITOVSKY, T. "A note on welfare propositions in economics". *Review of Economic Studies*, v. 9, 1941.

_____. *The joyless economy*. Nova York, Oxford University Press, 1976.

SEARLE, J. "*Prime facie* obligations". In: VAN STRAATEN, Z. (ed.). *Philosophical subjects: essays presented to P. F. Strawson*. Oxford, Clarendon Press, 1980.

SEIDL, C. "On liberal values". *Zeitschrift für Nationalökonomie*, v. 35, 1975.

_____. *Poverty measures: a survey*. Graz-Kiel, 1986, mimeografado.

SEN, A. K. "On optimizing the rate of saving". *Economic Journal*, v. 71, 1961. Reimpresso em SEN (1984a).

_____. "Labour allocation in a cooperative enterprise". *Review of Economic Studies*, v. 33, 1966. Reimpresso em SEN (1984a).

SEN, A. K. "Isolation, assurance and the social rate of discount". *Quarterly Journal of Economics*, v. 81, 1967a. Reimpresso em SEN (1984a).

_____. "The nature and classes of prescriptive judgements". *Philosophical Quarterly*, v. 17, 1967b.

_____. *Collective choice and social welfare*. San Francisco, Holden-Day, 1970a. Reeditado, Amsterdam, North-Holland, 1979.

_____. "Interpersonal aggregation and partial comparability. *Econometrica*, v. 38, 1970b. Reimpresso em SEN (1982a). Uma correção em *Econometrica*, v. 40 (1972).

_____. "The impossibility of a Paretian liberal". *Journal of Political Economy*, v. 72, 1970c. Reimpresso em SEN (1982a).

_____. "Choice functions and revealed preference". *Review of Economic Studies*, v. 38, 1971. Reimpresso em SEN (1982a).

_____. "Behaviour and the concept of preference". *Economica*, v. 40, 1973a. Reimpresso em SEN (1982a).

_____. *On economic inequality*. Oxford, Clarendon Press /Nova York, Norton, 1973b.

_____. "On the development of basic income indicators to supplement GNP measures". *Economic Bulletin for Asia and the Far East*, v. 24, United Nations, 1973c.

_____. "Choice, orderings and morality". In: KORNER (1974). Reimpresso em SEN (1982a).

_____. "Poverty: an ordinal approach to measurement". *Econometrica*, v. 46, 1976a. Reimpresso em SEN (1982a).

_____. "Real national income". *Review of Economic Studies*, v. 43, 1976b. Reimpresso em SEN (1982a).

_____. "Liberty, unanimity and rights". *Economica*, v. 43, 1976c. Reimpresso em SEN (1982a).

_____. "Social choice theory: a re-examination". *Econometrica*, v. 45, 1977a. Reimpresso em SEN (1982a).

_____. "On weights and measures: informational constraints in social welfare analysis". *Econometrica*, v. 45, 1977b. Reimpresso em SEN (1982a).

_____. "Rational fools: a critique of the behavioural foundations of economic theory". *Philosophy and Public Affairs*, v. 6, 1977c. Reimpresso em SEN (1982a).

_____. "Personal utilities and public judgements: or what's wrong with welfare economics?". *Economic Journal*, v. 89, 1979a. Reimpresso em SEN (1982a).

_____. "Utilitarianism and welfarism". *Journal of Philosophy*, v. 76, 1979b.

_____. "The welfare basis of real income comparisons". *Journal of Economic Literature*, v. 17, 1979c. Reimpresso em SEN (1984a).

SEN, A. K. "Equality of what?". In: MCMURRIN (1980). Reimpresso em SEN (1982a).

_____. *Poverty and famines: an essay on entitlement and deprivation*. Oxford, Clarendon Press, 1981a.

_____. "A positive concept of negative freedom". In: MORSCHER, E. & STRANZINGER, R. (eds.). *Ethics: foundations, problems, and applications, Proceedings of the 5th International Wittgenstein Symposium*. Viena, Holder-Pichler-Tempsky, 1981b.

_____. *Choice, welfare and measurement*. Oxford, Blackwell/Cambridge, Mass., MIT Press, 1982a.

_____. "Rights and agency". *Philosophy and Public Affairs*, v. 11, 1982b.

_____. "Liberty and social choice". *Journal of Philosophy*, v. 80, 1983a.

_____. "The profit motive". *Lloyds Bank Review*, v. 147, 1983b. Reimpresso em SEN (1984a).

_____. "Evaluator relativity and consequential evaluation". *Philosophy and Public Affairs*, v. 12, 1983c.

_____. "Economics and the family". *Asian Development Review*, v. 1, 1983d. Reimpresso em SEN (1984a).

_____. *Resources, values and development*. Oxford, Blackwell/Cambridge, Mass., Harvard University Press, 1984a.

_____. "The living standard". *Oxford Economic Papers*, v. 6, 1984b.

_____. "Consistency". Text of Presidential Address to the Econometric Society. *Econometrica*, 1984c.

_____. "Well-being, agency and freedom: the Dewey Lectures 1984". *Journal of Philosophy*, v. 82, 1985a.

_____. *Commodities and capabilities*. Amsterdam, North-Holland, 1985b.

_____. "Rights as goals". Austin Lecture 1984. In: GUEST, S. & MILNE, A. (eds.). *Equality and discrimination: essays in freedom and justice*. Stuttgart, Franz Steiner, 1985c.

_____. "Goals, commitment and identity". *Journal of Law, Economics and Organization*, v. 1, 1985d.

_____. "Rationality and uncertainty". *Theory and Decision*, v. 18, 1985e. Também em DABONI, MONTESANO & LINES (1986).

_____. "Women, technology and sexual divisions". *Trade and Development*, v. 6, 1985f.

_____. "The moral standing of the market". In: PAUL, MILLER & PAUL (1985g).

_____. "Food, economics and entitlements". Elmhirst Lecture, 1985. *Lloyds Bank Review*, v. 160, 1986a.

_____. "Adam Smith's prudence". In: LALL, S. & STEWART, F. (eds.). *Theory and reality in development*. Londres, Macmillan, 1986b.

_____. "Social choice theory". In: ARROW, K. J.; INTRILIGATOR, M. (eds.).

Handbook of mathematical economics, v. III. Amsterdam, North-Holland, 1986c.

_____. "Prediction and economic theory". *Proceedings of the Royal Society*, 1986d.

_____. "The standard of living". In: MCMURRIN, S. *Tanner Lectures in Human Values*, v. VII. Cambridge, University Press, 1986e.

_____. "Information and invariance in normative choice". In: HELLER, W.; STARR, D. & STARRET, R. (1986f).

SEN, A. K. & WILLIAMS, B. (eds.). *Utilitarianism and beyond*. Cambridge, University Press, 1982.

SEN, A. K.; com HART, K.; KANBUR, R.; MUELLBAUER, J.; WILLIAMS, B. & HAWTHORN, G. (eds.). *The standard of living*. Cambridge, Cambridge University Press, 1987.

SHAMA SASTRY, R. *Kautilya's Arthaśāstra*. Mysore, Mysore Printing and Publishing House, 1967.

SHESHINSKI, E. "Relation between social welfare function and the Gini index of inequality". *Journal of Economic Theory*, v. 4, 1972.

SHORROCKS, A. F. "The class of additively decomposable inequality measures". *Econometrica*, v. 48, 1980.

_____ "Ranking income distributions". *Economica*, v. 50, 1983.

_____. "Inequality decomposition by population subgroups". *Econometrica*, v. 52, 1984.

SHORROCKS, A. F. & FOSTER, J. E. *Transfer sensitive inequality measures*. Department of Economics, University of Essex, 1985.

SIDGWICK, H. *The method of ethics*. Londres, Macmillan, 1874.

SIL, N. P. "Kautilya's Asthaśāstra". Calcutá, Academic Publishers, 1985.

SIMON, H. A. *Models of man*. Nova York, Wiley, 1957.

_____. *Models of thought*. New Haven, Yale University Press, 1979.

SKINNER, A. S. & WILSON, T. (eds.). *Essays on Adam Smith*. Oxford, Clarendon Press, 1975.

SLOTE, M. *Goods and virtues*. Oxford, Clarendon Press, 1983.

_____. *Common-sense morality and consequentialism*. Londres, Routledge, 1985.

SMALE, S. "The prisoner's dilemma and dynamic systems associated to non-cooperative games". *Econometrica*, v. 48, 1980.

SMART, J. J. C. & WILLIAMS, B. A. O. *Utilitarianism: for and against*. Cambridge, University Press, 1973.

SMITH, A. *An inquiry into the nature and causes of the wealth of nations*. 1776. Reimpresso em CAMPBEL, R. H. & SKINNER, A. S. (eds.). Oxford, Clarendon Press.

SMITH, A. *The theory of moral sentiments.* 1790. Ed. revista. Reimpresso em RAPHAEL, D. D. & MACFIE, A. L. (eds.). Oxford, Clarendon Press, 1975.

SOLOW, R. M. "On theories of unemployment". *American Economic Review*, v. 70, 1980.

SRINIVASAN, T. N. "Malnutrition: some measurement and policy issues". *Journal of Development Economics*, v. 8, 1981.

SRINIVASAN, T. N. & BARDHAN, P. (eds.). *Rural poverty in South Asia.* Columbia University Press, 1986.

STARR, R. M. "Optimum production and allocation under uncertainty". *Quarterly Journal of Economics*, v. 87, 1973.

STEEDMAN, I. & KRAUSE, U. "Goethe's Faust, Arrow's possibility theorem and the individual decision taker". In: ELSTER, J. (ed.). *The multiple self.* Cambridge, University Press, 1986.

STEINER, H. "Liberty and equality". *Political Studies*, v. 29, 1981.

_____. "Reason and intuition in ethics". *Ratio*, v. 25, 1983.

_____. *Putting rights in their place: an appraisal of Amartya Sen's work on rights*. University of Manchester, 1986, mimeografado.

STEVENS. D. & FOSTER, J. "The possibility of democratic pluralism". *Economica*, v. 45, 1978.

STEWART, F. *Planning to meet basic needs.* Londres, Macmillan, 1985.

STIGLER, G. J. "Smith's travel on the ship of the state". In: SKINNER & WILSON (1975).

_____. "Economics or ethics?". In: MCMURRIN, S. (ed.). *Tanner Lectures on Human Values*, v. II. Cambridge, University Press, 1981.

STIGUM, B. P. & WENSTOP, F. (eds.). *Foundations of utility and risk theory with applications*. Dordrecht, Reidel, 1983.

STRASNICK, S. "Social choice theory and the derivation of Rawl's difference principle". *Journal of Philosophy*, v. 73, 1976.

STREETEN, P. *Development perspectives*. Londres, Macmillan, 1981a.

STREETEN, P. & BURKI, S. "Basic needs: some issues". *World Development*, v. 6, 1978.

STREETEN, P.; com BURKI, S. J.; UL HAK, MAHBUB; HICKS, N. & STEWART, F. *First things first: meeting basic needs in developing countries*. Nova York, Oxford University Press, 1981b.

SUGDEN, R. *The political economy of public choice*. Oxford, Martin Robertson, 1981.

_____. "Liberty, preference and choice". *Economics and Philosophy*, v. 1, 1985.

SUPPES, P. "Some formal models of grading principles". Synthese, v. 6, 1966. Reimpresso em SUPPES (1969).

_____. *Studies in the methodology and foundations of science*. Dordrecht, Reidel, 1969.

SUZUMURA, K. "Rational choice and revealed preference". *Review of Economic Studies*, v. 43, 1976.

_____. "On the consistency of libertarian claims". *Review of Economic Studies*, v. 45, 1978. Uma correção, v. 46.

_____. "Liberal paradox and the voluntary exchange of rights-exercising". *Journal of Economic Theory*, v. 22, 1980.

_____. *Rational choice, collective decisions, and social welfare*. Cambridge, University Press, 1983.

SVENSSON, L.-G. "Social justice and fair distribution". *Lund Economic Studies*, v. 15, 1977.

_____. "Equity among generations". *Econometrica*, v. 48, 1980.

_____. "A contractarian approach to social optimum". University of Lund, 1985, mimeografado.

TAKAYAMA, N. "Poverty, income inequality and their measures: professor Sen's axiomatic approach reconsidered". *Econometrica*, v. 47, 1979.

TAYLOR, C. "The diversity of goods". In: SEN & WILLIAMS (1982).

_____. "Research directions in income distribution, nutrition and the economics of food". *Food Research Institute Studies*, v. 15, 1977.

TAYLOR, M. *Anarchy and cooperation*. Nova York, Wiley, 1976.

TEMKIN, L. "Inequality". *Philosophy and Public Affairs*, v. 15, 1986.

THEIL, H. *Economics and information theory*. Amsterdam, North-Holland, 1967.

THON, D. "On measuring poverty". *Review of Income and Wealth*, v. 25, 1979.

TINBERGEN, J. "A positive and normative theory of income distribution". *Review of Income and Wealth*, v. 16, 1970.

ULLMAN-MARGALITT, E. *The emergence of norms*. Oxford, Clarendon Press, 1977.

USHER, D. *The economic prerequisite to democracy*. Oxford, Blackwell, 1981.

VAN DER VEEN, R. J. "Meta-rankings and collective optimality". *Social Science Information*, v. 20, 1981.

VAN PRAAG, B. M. S. *Individual welfare functions and consumer behaviour*. Amsterdam, North-Holland, 1968.

_____. "The welfare function of income in Belgium: an empirical investigation". *European Economic Review*, v. 2, 1977.

_____. "The perception of welfare inequality". *European Economic Review*, v. 2, 1978.

VAN PRAAG, B. M. S. & KAPTEYN, A. "Further evidence on the individual welfare function of income: an empirical investigation in the Netherlands". *European Economic Review*, v. 4, 1973.

VARIAN, H. "Equity, envy and efficiency". *Journal of Economic Theory*, v. 9, 1974.

VARIAN, H. "Distributive justice, welfare economics and the theory of fairness". *Philosophy and Public Affairs*, v. 4, 1975.

VICKREY, W. "Measuring marginal utility by reactions to risk". *Econometrica*, v. 13, 1945.

WALDRON, J. (ed.). *Theories of rights*. Oxford, University Press, 1984.

WALZER, M. "Political action: the problem of dirty hands". *Philosophy and Public Affairs*, v. 2, 1973.

_____. *Spheres of justice*. Oxford, Blackwell, 1983.

WARD, B. *What's wrong with economics?*. Londres, Macmillan, 1972.

WATKINS, J. "Comment: self-interest and morality". In: KORNER (1974).

_____. "Second thoughts on self-interest and morality". In: CAMPBELL & SOWDEN (1985).

WEALE, A. *Equality and social policy*. Londres, Routledge & Kegan Paul, 1978.

_____. "The impossibility of liberal egalitarianism". *Analysis*, v. 40, 1980.

WEBSTER, M. "Liberals and information". *Theory and Decision*, v. 20, 1986.

WEYMARK, J. "'Unselfishness' and prisoner's dilemma". *Philosophical Studies*, v. 34, 1978.

_____. "Arrow's theorem with social quasi-orderings". *Public Choice*, v. 42, 1983.

WIGGINS, D. "Claims of need". In: HONDERICH (1985).

WILLIAMS, B. A. O. "A critique of utilitarianism". 1973a. In: SMART & WILLIAMS (1973).

_____. *Problems of the self*. Cambridge, University Press, 1973b.

_____. *Moral luck*. Cambridge, University Press, 1981.

_____. *Ethics and the limits of philosophy*. Londres, Fontana/Cambridge, Mass., Harvard University Press, 1985.

WILSON, E. O. *On human nature*. Cambridge, Mass., Harvard University Press, 1978.

_____. "Comparative social theory". In: MCMURRIN (1980).

WILSON, R. B. "On the theory of aggregation". *Journal of Economics*, v. 10, 1975.

WINCH, D. *Adam Smith's politics*. Cambridge, University Press, 1978.

WINSTON, G. C. "Addiction and back-sliding: a theory of compulsive consumption". *Journal of Economic Behaviour and Organisation*, v. 1, 1980.

WINTER, S. G. "A simple remark on the second optimality theorem of welfare economics". *Journal of Economic Theory*, v. I, 1969.

WITTMAN, D. "The geometry of justice: three existence and uniqueness theorems". *Theory and Decision*, v. 165, 1984.

WONG, S. *Foundations of Paul Samuelson's revealed preference theory*. Londres, Routledge & Kegan Paul, 1978.

WOO, H. K. H. *What's wrong with formalization in economics?*. Newark, Cal., Victoria Press, 1986.

WRIGLESWORTH, J. "The possibility of democratic pluralism: a comment". *Economica*, v. 49, 1982.

_____. *Libertarian conflicts in social choice*. Cambridge, University Press, 1985.

YAARI, M. E. & BAR-HILLEL, M. "On dividing justly". *Social Choice and Welfare*, v. 1, 1984.

YOUNG, H. P. *Fair allocation*. American Mathematical Society, 1986.

ÍNDICE REMISSIVO

1ª EDIÇÃO [1999] 3 reimpressões

ESTA OBRA FOI COMPOSTA PELO GRUPO DE CRIAÇÃO EM TIMES, TEVE
SEUS FILMES GERADOS PELA VISUALE E FOI IMPRESSA PELA PROL EDITORA
GRÁFICA EM OFSETE SOBRE PAPEL SÓFT DA COMPANHIA SUZANO
PARA A EDITORA SCHWARCZ EM DEZEMBRO DE 2002